論集

平安時代の東大寺

―密教興隆と末法到来のなかで―

ザ・グレイトブッダ・シンポジウム論集第十一号

東大寺

表紙カバー　杉本健吉 画伯

序

平成二十四年十二月八日、九日の両日、第十一回「ザ・グレイトブッダ・シンポジウム」（GBS）を「平安時代の東大寺―密教興隆と末法到来のなかで―」をテーマとして開催いたしました。

これまでのGBSでは、創建時の奈良時代や戦火による壊滅的被害からの復興期である鎌倉時代や江戸時代を取り上げたことがありました。しかし、平安時代は東大寺の創建以後の歴史を伝える重要な歴史書である「東大寺要録」が編纂され成立した時代ではあるものの、従来あまり顧みられておらず、東大寺あるいは〝旧都〟奈良にとって空白の時代とも言えます。

今回の基調講演や個別報告をもとにして書かれた論文や討論会の記録を一読しますと、平安時代は奈良時代の気風を受け継ぎ、鎌倉時代はもちろんその後の室町時代、江戸時代、明治時代、さらには現代へと結びつける基本的な条件が整えられた、東大寺にとって非常に重要な時代であったことが浮き彫りになってきます。

本書をきっかけとして奈良、東大寺を中心とした平安時代史のさらなる理解、研究が進展していくことを祈念いたします。

平成二十五年十一月二十三日

東大寺別当

筒井寛昭

目次

倶舎曼荼羅と倶舎三十講

谷口耕生

はじめに

東大寺所蔵の国宝・倶舎曼荼羅（図1）は、南都六宗の一つである倶舎宗に関わる諸尊を大画面に整然と配したもので、平安時代後期の東大寺における教学復興に伴って制作されたと考えられる記念碑的大作として知られている。とりわけ画中に描かれる諸尊のうち、中尊の釈迦三尊は東大寺法華堂にゆかりを持つとみられる法華堂根本曼荼羅、釈迦三尊の周囲を取り囲む倶舎宗の祖師十人は東大寺大仏殿にかつて安置されていたといわれる六宗厨子の扉絵、画面の周辺に配される梵天・帝釈天および四天王は東大寺戒壇院に安置されていた華厳経厨子の扉絵という、いずれも奈良時代に描かれたと考えられる東大寺ゆかりの仏画を図像や寸法・彩色に至るまで忠実に踏襲していることがこれまで研究によって明らかにされており、天平復古を意識的に成し遂げた希有な作例といえよう。

本報告は、このように平安時代後期の東大寺において奈良時代絵

図1　倶舎曼荼羅（東大寺）

画に規範をもつ倶舎宗の祖師画像が求められるに至った背景について考察を行うものである。具体的には倶舎曼荼羅が、平安時代後期に東大寺において創始された倶舎三十講と呼ばれる倶舎学に関わる論義講会の本尊画像だったことを明らかにし、この儀礼の存立基盤そのものに、東大寺に伝わった奈良時代仏画に由来する本尊画像が必要とされた理由を見いだしていきたい。

一　倶舎曼荼羅の概要および図像の典拠

倶舎曼荼羅は、縦一七六・六㎝、横一六四・八㎝という大画面を誇り、画面中央やや上部に釈迦如来と脇侍二菩薩の三尊が蓮華座上に坐す姿を配し、その周りを倶舎宗祖師十人の立ち姿が円環状に取り囲む。画面左右辺の中央に梵天と帝釈天、四隅には四天王の合計六天がいずれも岩座上に立つ姿を表している。諸尊の肉身には白色顔料による丁寧な裏彩色や赤色の隈取が施され、着衣や持物に暈繝彩色および裏箔を多用するが、こうした極めて古様な表現技法は、例えば奈良国立博物館所蔵の国宝・十一面観音像や和歌山・西禅院所蔵の阿弥陀浄土曼荼羅の諸尊など平安時代後期に南都周辺で描かれた仏画に通じるものであり、本品が平安時代に遡る作であることは疑いない。

これら倶舎曼荼羅の諸尊の構成を見ると、釈迦三尊を円環状に倶舎宗祖師が取り囲み、さらに周辺四隅に梵天・帝釈天・四天王の六天を整然と並べるというある種幾何学的な配置となっており、さらに釈迦三尊よりも倶舎宗祖師の姿を一回り大きく描くなど諸尊の間で大きさに不整合が生じている。これはすでに指摘されているとおり、典拠となった図像を大きさに至るまで忠実に写し取ることに意が払われ、その写し取った図像を画中にそのまま収めることを優先した結果だと考えられる。具体的には冒頭に言及したとおり、法華堂根本曼荼羅、六宗厨子扉絵、戒壇院厨子扉絵という東大寺に伝来した奈良時代の仏画を忠実に参照したものであることがすでに先行研究によって明らかにされているが、ここで改めて尊像ごとに倶舎曼荼羅の細部の現状を確認しつつ、奈良時代原本との具体的な比較検討を行っていくことにしよう。

㈠　釈迦三尊

倶舎曼荼羅の釈迦三尊の図像の典拠となったと考えられる法華堂根本曼荼羅（ボストン美術館蔵）は、釈迦如来のインド霊鷲山における説法の様子を絵画化した奈良時代を代表する絵画作品であり、明治初年までは長らく東大寺に伝わったことが知られる。「法華堂根本曼陀羅」の呼称は、久安四年（一一四八）に修理を行った際の東大寺別当寛信による裏書に由来しており[1]、平安時代にはこの曼荼羅が東大寺法華堂（三月堂）と深いゆかりがあるものと認識されていたことが判明する。

ここで改めて倶舎曼荼羅に描かれる釈迦三尊と法華堂根本曼荼羅中の釈迦三尊の像容を比較してみると、欠失や剝落によって確認できない部分はあるものの、姿勢、印相、台座形式、細部の装身具の形態に至るまで両者は一致し、彩色についても基本的に法華堂根本曼荼羅三尊のそれを倶舎曼荼羅三尊が踏襲していることは明らかである。さらにこうした図像形式だけでなく、法華堂根本曼荼羅と倶舎曼荼羅の釈迦三尊を比べると、両者は各部の寸法に至るまでほぼ一致することがこれまでの研究で繰り返し強調されてきたが、これまで両者の正確な寸法を明示して比較が行われた研究はなかったように思われる。法華堂根本曼荼羅は、現状ではガラスがはまる額装となっているため直接各部の寸法を計測することは叶わないが、ボストン美術館から入手した釈迦三尊の原寸大紙焼写真を用いることによって各部の寸法を正確に計測することが可能となったので、この計測結果にもとづいて両者を比較してみよう。現状では倶舎曼荼羅に欠損部分が多いため、全ての箇所を比較することはできないものの、例えば釈迦如来の髪際から左足の踵までの高さは、法華堂根本曼荼羅が二六・〇cm、倶舎曼荼羅が二五・〇cm、同じく膝張りは法華堂根本曼荼羅が二八・〇cm、倶舎曼荼羅が二七・一cmとなる。さらに右脇侍菩薩の宝冠の頂から蓮肉までの高さは、法華堂根本曼荼羅が二九・八cm、倶舎曼荼羅が二八・八cm、同じく膝張りは法華堂根本曼荼羅が一六・三cm、倶舎曼荼羅が一六・〇cmとなる。このように両者は近い値を示すことは間違いないものの、各所で一cmほどの差が生じていることから、敷き写しと呼べるほどの一致でないことに注意をすべきであろう。こうした状況は、後ほど確認する東大寺戒壇院厨子扉絵からの倶舎曼荼羅への転写に見られるような、図像はもちろんのこと寸法・彩色・文様に至るまで忠実に原本を写そうとする転写関係とは一線を画すものといえる。

(二) 倶舎宗祖師

倶舎曼荼羅の釈迦三尊を取り囲む倶舎宗祖師十人の図像については、奈良時代創建時の大仏殿に安置された六宗厨子のうち倶舎宗厨子の扉絵に描かれていた祖師像が典拠となった可能性が高いことがすでに指摘されている。[2] 六宗厨子とは天平勝宝四年（七五二）の東大寺大仏開眼にあわせて大仏殿内に安置された三論宗・法相宗・倶舎宗・成実宗・華厳宗・律宗の六宗に関わる専用仏典を納めた六基の厨子のことで、各厨子の扉にはその宗に関わる祖師や護法神の姿が描かれていたことが知られている。治承四年（一一八〇）の兵火によって六宗厨子は大仏殿もろとも焼失してしまい、扉絵に描かれていた尊容を具体的にうかがい知ることは現在では不可能であるが、幸い正倉院に六宗厨子の扉絵に関連する文書が伝わったことから、厨子ごとに各扉に描かれていた像の尊名、絵筆を執った絵師の名前、制作に用いられた絵具や料紙をはじめとする雑物の種類と量を知ることができる。このうち第五厨子とされた薩婆多宗（倶舎宗）厨子に描かれた扉絵ついては、梵天・帝釈天・四天王の六尊に「提婆設摩」「尊者世友」「尊者世親」「尊者妙音」「法護論師」「衆賢論師」「迦多延尼子」「大目揵連」「舎利子」「富楼那」という倶舎宗に関わるインドの祖師十人を加えた合計十六尊が描かれていたことが判明する。

こうした六宗厨子の扉絵は南都六宗における祖師像制作の際にしばしば参照されたようだ。例えば永承元年（一〇四六）に焼失した興福寺金堂の再建にあたって金堂西の法相柱に法相祖師像を描くに際し、絵仏師教禅が東大寺大仏殿の六宗厨子のうち法相宗厨子扉絵の影像を写し取っており、六宗厨子の扉絵が平安時代において実際の祖師像制作の手本とされるべき権威ある図像だったことが明らかとなる。[3] 倶舎曼荼羅中の祖師像が奈良時代の図像を典拠としていることは、既に指摘されているとおり天平六年（七三四）成立の興福寺十大弟子像と細身の体形や袈裟・履物などの着衣形式が近似する点や、世親・世友二祖師の足下に表される踏割蓮華座の形式が正倉院宝物中の漆仏龕扉に描かれる梵天像が踏むものに酷似するなど、極めて蓋然性が高いと考えられる。

以上のように倶舎曼荼羅の祖師像が奈良時代絵画に典拠を取ったことは明らかであり、倶舎宗祖師の姿を奈良時代の権威ある図像を求めようとすれば、それは必然的に六宗厨子中の薩婆多宗厨子すなわち倶舎宗厨子の扉絵よりほかないだろう。

㈢　梵天・帝釈天・四天王

倶舎曼荼羅の周縁に配される梵天・帝釈天・四天王の六天については、奈良国立博物館所蔵の東大寺戒壇院扉絵図と呼ばれる白描図像中の六天像と図像が完全に一致することがすでに先行研究で明らかとなっている。この東大寺戒壇院扉絵図はかつて京都の高山寺に伝来し、鎌倉時代中期の建長年間に編纂された高山寺の経蔵目録に記載されることからそれ以前に成立していたことが明らかで、線描や料紙の紙質などからも平安時代後期にさかのぼる白描図像であると考えられる。外題や巻末の識語などから、本巻は東大寺戒壇院にかつて安置されていた厨子の扉絵を写したものであることが判明するが、この戒壇院安置の厨子は三部の八十巻本華厳経を納入していたことが『東大寺要録』「諸院章第四」に見え、もともとは鑑真の来朝を契機に建立された東大寺戒壇院に天平勝宝七歳（七五五）に安置されたものと考えられる。この厨子は六宗厨子と同様に、治承四年（一一八〇）の兵火で戒壇院もろとも厨子が焼失してしまったため、現在ではこの白描図像のみが失われた扉絵の詳細な姿を伝える存在となっている。

すなわち戒壇院厨子の扉絵には、供養菩薩二尊ずつを描く八図と梵天・帝釈天・四天王・二王の八図をあわせた合計十六図が描かれていたことが判明し、このうち梵天・帝釈天・四天王の六天については倶舎曼荼羅中に描かれる六天と図様がほぼ完全に一致することは誰の目にも明らかだろう。またこれら戒壇院扉絵と倶舎曼荼羅の六天が寸法に至るまで敷き写しを行ったかのように一致することはこれまでにも論じられてきたことではあるが、実際に計測した寸法に基づいて両者を比較してみると、例えば梵天の像高は、戒壇院扉絵図が三七・五cm、倶舎曼荼羅が三七・六cm。梵天の面長は、戒壇院扉絵図が四・六cm、倶舎曼荼羅が四・七cm。帝釈天の裙幅は、戒壇院扉絵図が一七・五cm、倶舎曼荼羅が一七・四cm。持国天の剣長は、戒壇院扉絵図が一九・九cm、倶舎曼荼羅が二〇・〇cm。広目天の戟長は、戒壇院扉絵図が三九・一cm、倶舎曼荼羅が三九・二cmとなる。このように、一部の例外を除いて多くの箇所で両者の寸法の差がわずかに一〜二㎜以内に収まっており、場所によっては一㎜も違わず完全に一致することに驚かされる。そしてこのような両者の近似関係を一層象徴するのが、戒壇院扉絵図の六天の図像のうち梵天を除く五天の着衣部分にのみ「紺青」「朱」「六青」等の色注が付されていることであり、その色注は倶舎曼荼羅中の五天の彩色とほぼ完全に一致するのである。

以上に見たような事実を踏まえた時、東大寺戒壇院扉絵図全十六図中、倶舎曼荼羅と図像が寸法に至るまでほぼ完全に一致する六図についてのみ色注が付されている理由としてまず考慮されるのは、この白描図像が倶舎曼荼羅の制作を前提に奈良時代の戒壇院厨子扉絵原本を写し取り、紙形として倶舎曼荼羅制作に実際に用いた可能性である。こうした両者の近似関係は転写を何度も重ねた状況では生まれ得ず、お互いが相当近い制作環境に置かれていたと考えるのが自然である。ところが、倶舎曼荼羅に描かれる六天のうち白描本戒壇院扉絵図では色注の付されていない梵天について詳しく見ていくと、沓や袴に天平盛期を彷彿させる美しい暈繝彩色が施されており、肉身についても奈良時代から平安時代初期の仏画に多く見られる強い朱の隈取が見られるなど、戒壇院厨子扉絵原本に描かれていたものを忠実に写したとしか考えられない彩色表現が随所に確認できるのである。梵天以外の五天についても色注の指示はない暈繝彩色や朱の隈取といった奈良時代特有の彩色表現が多く採用されていることからも、倶舎曼荼羅の六天を描くに当たってより詳細な色注を持つ紙形が存在した可能性が高く、奈良時代原本を忠実に写し取って倶舎曼荼羅にその姿を再現することが強く意図されていたに違いない。そしてこのような戒壇院扉絵原本を直接写して倶舎曼荼羅制作に実際に使用されたと見られる紙形を、さほど転写を経ない段階で写したものが現在に伝わる白描本の東大寺戒壇院扉絵図なのではないだろうか。

ところで東大寺戒壇院扉絵図には、巻頭部分に近世以前のものと判断される「高山寺」の朱印が捺されており、建長三年（一二五一）に編纂された『高山寺経蔵聖教内真言書目録』に収められる聖教類のうちの「東大寺戒壇院扉絵図一巻」が本巻に相当すると考えられている。高山寺の開山である明恵や弟子の定真らが集めた聖教を記載する建長目録において、貴重書として記載のあるこの東大寺戒壇院扉絵図が早くから高山寺内で権威ある図像とみなされていたことを示しており大変興味深い。とりわけ高山寺内において倶舎曼荼羅に写された六天の図像が重視されていたであろうことは、六天のみを写した高山寺印をもつ白描図像が数点知られていることからも明らかである。例えば『大正図像』第七巻には六天の姿を写した「戒壇院扉絵」と称する高山寺伝来の白描図像を二組掲載しており、いずれも倶舎曼荼羅の六天の配置を意識するかのように群像として図像が表されている。これらの図像には「戒壇院扉絵　以原本写了東大寺得業能恵」と墨書されていることから、こうした白描図像が東大寺僧能恵によって治承四年（一一八〇）の兵火で焼失する前の戒壇院扉絵原本から直接写したものであるとの伝承とともに高山寺内で転写が重ねられていたことが判明する。高山寺内で重視されたこれら戒壇院扉絵六天の図像は、いずれも色注や曼荼羅様の群像構成など、倶舎曼荼羅制作の記憶を留めるかのように画像制作と密接に関わる情報を継承しながら写し継がれている点に特色があるといえよう。

そもそも倶舎曼荼羅の制作に当たって、戒壇院扉絵原本の六天の姿を図像・寸法・表現技法に至るまで忠実に写そうとする態度は際だっており、その暈繝彩色に彩られた天部の姿からは、まさに天平様式の復古が意識的に成し遂げられた成果がうかがえる。それでは一体、このような天平様式の復古を強く求める動機とは何だったのだろうか。次にその背景について、倶舎三十講と呼ばれる儀礼との関わりの中で具体的に探っていきたい。

二　倶舎三十講本尊としての倶舎曼荼羅

倶舎曼荼羅の制作背景については、十二世紀前半に東大寺東南院院主をつとめた三論宗学侶である覚樹（一〇八一～一一三九）の倶舎学復興運動があったとする説がほぼ定説として受け入れられてきた。[4]とりわけ覚樹の高弟であった東大寺僧珍海（一〇九二～一一五二）が、倶舎曼荼羅の釈迦三尊の典拠となった法華堂根本曼荼羅を久安四年（一一四八）に修理していることから、倶舎曼荼羅の制作に際しても覚樹の指示のもとで珍海その人が絵筆を執ったと見なすことが有力な説となっている。実際に石山寺には長承三年（一一三四）から保延三年（一一三七）にかけて覚樹自らが訓点を付した倶舎論の註釈書である『倶舎論記』二十二巻、『倶舎論疏』三十巻、『倶舎論頌疏』五巻が伝存しており、覚樹が当時の東大寺倶舎学における中心人物であったことは疑いないが、実は珍海が覚樹以上に後世の倶舎学に大きな影響を残していることはもっと強調されてよいように思われる。

珍海には倶舎学に関わる重要な著作として『倶舎論明眼鈔』六巻があり、倶舎学における様々な異論異説のある諸問題について問答形式で解答を示したものとして、鎌倉時代前期における東大寺の倶舎学復興最大の立役者となった宗性（一二〇二～七八）の代表的著作『倶舎論明思抄』にも「珍海已講明眼抄云」としてたびたび引用されている。この問答形式による難問解答集ともいうべき体裁は、南都仏教で重視された講会の場に臨む学侶の間で広く読まれることを前提に記されたものと考えられるが、その講会とは、東大寺内の倶舎宗に関わる講会として院政期には創始されていた倶舎三十講である可能性が高いように思われる。実際、『倶舎論明眼鈔』の体裁を継承して宗性が著したと考えられる『倶舎論明思抄』の奥書には、宗性自ら倶舎三十講において聴聞した問題について初心初学の僧のために一問一答形式で解答を示したものである旨を述べている。すなわち『倶舎論明思抄』の手本となった珍海の『倶舎論明眼鈔』も、倶舎三十講という講会の場を意識して著された書物であることはほぼ間違いないだろう。

倶舎三十講は、十二世紀前半成立の『東大寺要録』「諸会章第五」十一月項に「三十講　於政所坊　撰吉日　諸宗学徒相共修之」と見えており、この時期すでに政所房すなわち別当坊を開催場所として三論宗・華厳宗など諸宗の学侶を挙げて開催されていたことが確認できる。倶舎三十講は十二世紀を通じて開催されていたことが『東大寺雑集録』巻九「倶舎三十講始行記録」に見え、教学研鑽の場として江戸時代に至るまで寺家規模で続けられた重要な講会だったことが知られる。しかし同様の倶舎学に関わる講会として建久七年（一一九六）に創始された世親講が、倶舎宗の祖師である世親菩薩の絵像を本尊として奉懸したことが知られるのに対し、[5]倶舎三十講の本尊が何であったかについてはこれまで十分に関心が払われてこなかった。

ところが、室町時代における東大寺別当の尊勝院光経による倶舎三十講の記録『応永三十年十一月倶舎三十講愚記』には、このとき道場となった別当房の荘厳について記述されており、その中に「仏壇上懸本尊〈三十講本尊尺迦像等、在下司二蔵〉」という極めて注目すべき記述を見いだすことができる。[6]さらに同記に収められるこの時の倶舎三十講の指図（図2）を見ると、図中央の仏壇には大幅の画像を懸けたと見られる仏台が配されており、そこに「本尊画像」と注記されているのである。ここから倶舎三十講の本尊として釈迦像を中尊とする画像が懸けられたことが判明するが、東大寺内に伝わった釈迦像を中尊とする倶舎宗に関わる画像といえば、いうまでもなく倶舎曼荼羅を指していることは間違いないだろう。

　さて、倶舎曼荼羅が倶舎三十講の本尊画像として奉懸されていたことを確認したが、この倶舎三十講は先に見たとおり『東大寺要録』において諸宗学徒がともに修した講会であることが強調されていた。この事は、東大寺内において倶舎宗が持つ大変重要な意義を示しているのであり、その点を別の史料によって確認しておこう。鎌倉時代を代表する東大寺の学僧凝然は、応長元年（一三一一）に著した『三国仏法伝通縁起』において、倶舎宗について次のように説明している。

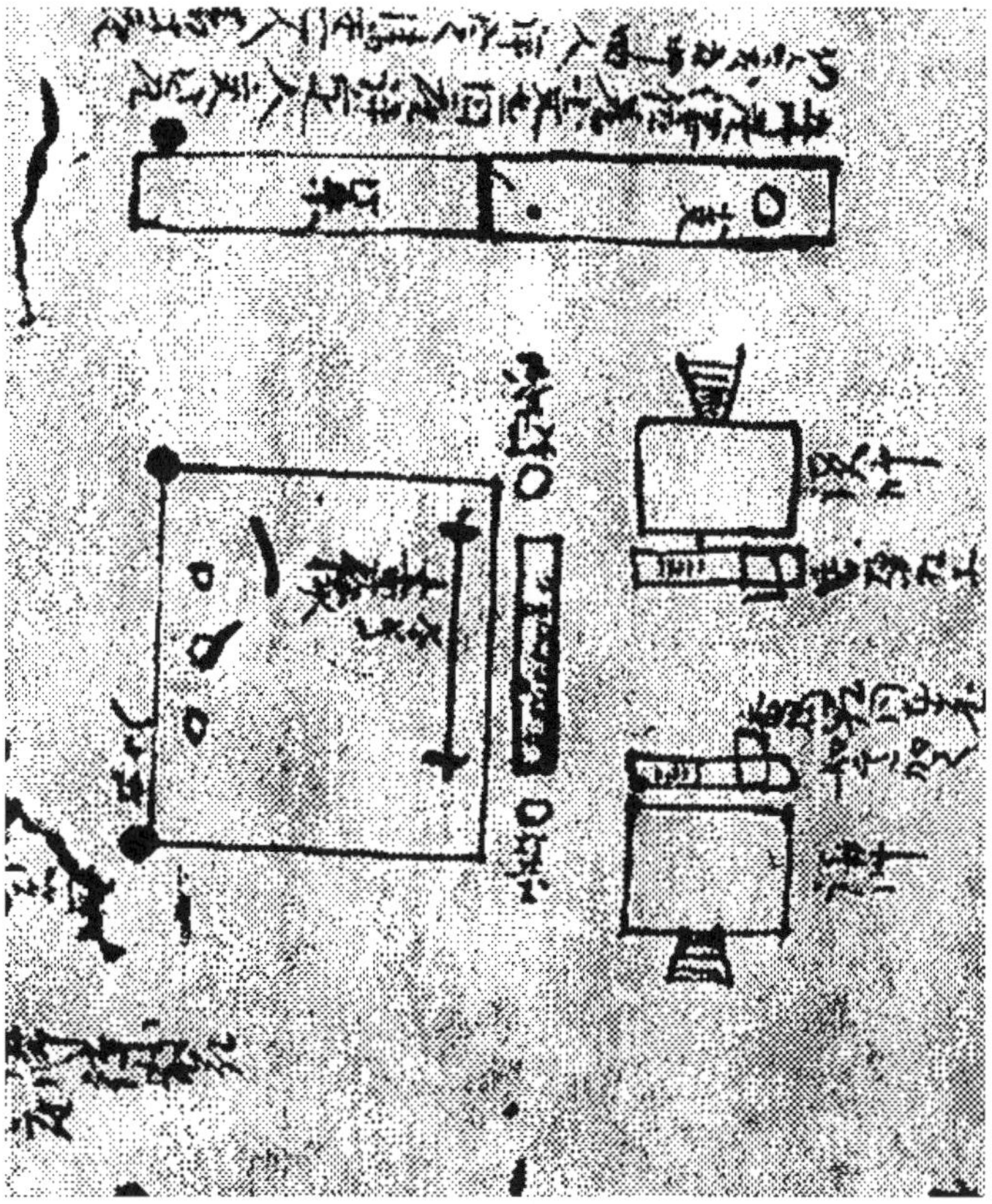

図２　倶舎三十講指図　別当房

東大寺自昔已来習学倶舎。寺内所置八宗兼学。雖倶舎宗附法相宗而満寺皆学。諸宗学者皆学倶舎。中古已来華厳三論両宗学者各峙詞鋒互諍蘭菊。両宗学者自昔已来達有宗義善倶舎宗。以東大寺為倶舎本所。（中略）華厳三論両宗学者既皆兼学有宗倶舎。其師資相承事全同二宗血脈。

すなわち「東大寺では昔より倶舎を学び、寺内に八宗兼学を備えてきたので、倶舎宗が法相宗附属の宗であるといっても一山を挙げて諸宗の学侶も皆が学んできた。中古より華厳・三論の両宗は互いに舌鋒を闘わせて競ってきたが、それぞれ各宗の宗義に達するとともに倶舎宗を善くしたので、東大寺をもって倶舎の本所としたのである。華厳・三論宗の学侶は皆自宗と倶舎を兼学したので、倶舎宗の師資相承は二宗の血脈と全く同じだ」というのである。ここからは、東大寺内において尊勝院を本所とする華厳宗と東南院を本所とする三論宗が互いに激しく勢力を争う中で、八宗兼学を標榜する東大寺一山にとって諸宗が共通して研鑽したのが倶舎学だったのであり、倶舎三十講はそうした東大寺一山結集の場としてひときわ重視されたのだろう。(7)

　このように見るとき、倶舎三十講の本尊である倶舎曼荼羅が、倶舎宗祖師の図像を六宗厨子から求めたのは当然として、法華堂根本曼荼羅と戒壇院厨子扉絵に図像の出展を求めたことの意義は決して小さくないように思われてならない。すでに述べたとおり、法華堂根本曼荼羅は久安四年（一一四八）に東大寺別当寛信の命によって珍海が修理を行っている。この当時、寛信は東大寺印蔵文書の整理も行っており、法華堂根本曼荼羅の修理もそれらの修理事業の一環として行われ、「法華堂根本曼陀羅」の名も寛信によってこの時与えられたものだった可能性が高い。真言僧として名高い寛信は、もともとは東大寺東南院において覚樹のもとで学んだ三論宗学侶であり、珍海とは三論宗の同門だった。創設間もない倶舎三十講をリードしたと思われる三論宗の珍海や寛信によって見いだされたと言っていい法華堂根本曼荼羅の図像が倶舎曼荼羅に反映されるには、三論宗側の意向が強く反映されていたとは考えられないだろうか。

これに対し、戒壇院厨子扉絵はとりわけ華厳宗学侶によって重視された図像だった。先に、高山寺内で転写された戒壇院扉絵六天の白描図像に東大寺僧能恵が扉絵原本から直接写した旨を記す墨書銘の存在を確認したが、この能恵は東大寺に実在した華厳宗の僧であり、仁安四年（一一六九）に四十五歳で没したことが知られるなど、おおよその活躍期を知ることができる。また『東大寺続要録』供養編には「能恵得業大般若経供養書写」という文が見えており、ここには能恵が発願書写した大般若経を宝治二年（一二四八）に供養した際に、能恵得業が尊勝院院主であったという因縁により尊勝院院主華厳宗長者が供養導師をつとめることになったとあり、能恵が東大寺尊勝院に住んだ有力な華厳宗学侶と認識されていた情況をうかがうことができる。そもそも華厳宗学侶である能恵が扉絵を写し取ったと伝えられる東大寺戒壇院厨子は、八十巻本華厳経三部を安置していた華厳経厨子であり、その扉絵に描かれていた六天は華厳経の護法神と見なされ、東大寺華厳宗において重視されていたのだろう。東大寺戒壇院扉絵図を伝えるなどこれら六天の図像を重視した高山寺は華厳宗復興の道場として建立された寺院であり、同寺を建立した明恵は華厳教学の中心地であった東大寺尊勝院の学頭をつとめた人物だった。高山寺の聖教類には明恵やその弟子たちが尊勝院で書写したものが少なからず含まれており、東大寺戒壇院扉絵図もそうした一巻として明恵周辺で尊勝院伝来の図像を直接転写したものと考えられる。このように見てくると、倶舎曼荼羅に戒壇院扉絵六天の図像が採用された背景には、この図像をひときわ重視した東大寺尊勝院を拠点とする能恵のような華厳宗学侶の関与があった可能性が高いように思われる。

以上のように、法華堂根本曼荼羅が三論宗学侶、戒壇院厨子扉絵が華厳宗学侶の手によって選択され、この二つの図像を六宗厨子の倶舎宗祖師像とともに一図に集合することで、東大寺一山結集の場である倶舎三十講の本像画像として倶舎曼荼羅が生み出された可能性を指摘したい。

三　天竺由縁とされた天平様式

このような結論を踏まえ、何故に平安時代後期という時代に倶舎三十講の本尊である倶舎曼荼羅が、天平復古を強く意識した図像・様式によって制作されたのかという問題について以下に考察を進めて行くことにしよう。

先に凝然の『三国仏法伝通縁起』に見たとおり、東大寺は奈良時代に確立した南都六宗を基盤とする八宗兼学を標榜した。こうした十二世紀の南都における八宗意識は、釈迦・インドという仏教の始原回帰を志向するものであり、そのベクトルは、奈良時代以来日本国内に保存されていた始原を求める復古のかたちを取ったという。(8)
こうした意識を踏まえて倶舎曼荼羅に採用された図像の由来を考え

たとき、そこには仏教の始原を求める天竺すなわちインドへのまなざし、そしてそのインドに淵源を持つことに依る正統性への意識が込められていることに気づく。

まず法華堂根本曼荼羅は、久安四年（一一四八）に珍海が修理を行った際の裏書に「天竺之真本也」と記されており(9)、右肩を露わにした着衣形式と手足に千幅輪文を表すというインド風の強い釈迦の姿を描いたこの画像を、別当寛信はインドの真作と見なし、あるいは仏教始原の地であるインドで初めて仏教を説いた釈迦の真実の姿を描いたものと認識したのかもしれない。また六宗厨子扉絵にもとづいて描かれた倶舎宗祖師十人は、全てインド人祖師ばかりであり、華厳経守護の六天を描いた厨子を安置する東大寺戒壇院は、この時期盛んに行われた南都北嶺の戒壇論争の中で、インドに淵源を持つ正統性をもってその優位が盛んに強調されていた。例えば応保二年（一一六二）の『恩覚奏状』において「南都戒壇者。月氏。晨旦。日域。三ヶ国法式也。」とのべており、また解脱房貞慶による『南都叡山戒勝劣事』では、「大唐終南山道宣移天竺之戒壇。鑑真即任終南山之戒壇、立南都戒壇院畢。（中略）夫南都戒壇者。依唐土天竺之旧儀。」とあり、インド・中国を経て日本に伝来したことの正統性を主張している。こうした三国由来とされた東大寺内に伝わる図像をもとに倶舎曼荼羅が構成されていることが理解されるだろう。

そもそも、奈良時代に六宗の一つとして確立しながらも長らく法相宗の寓宗と見なされるに過ぎなかった倶舎宗は、この時期に八宗兼学の東大寺一山を結集させる共通の学問とされ、東大寺をもって倶舎の本所と強調するまでに至ったのであるが、これは倶舎宗に八宗を代表させ、その母体となった奈良時代仏教への復古を強く意識するものだった。そして奈良仏教の象徴とされた倶舎学は、さらに本源をさかのぼって仏教の故郷であるインドで生まれたものであることがことさら強調されていく。例えば時代は若干遡るが、延久四年（一〇七二）の円宗寺法華会において行われた因明すなわち仏教の論理学に関する論義において、興福寺僧頼信が倶舎および因明の重要性を説いた内容が『仏法伝来次第』に見えるので、次に掲げよう。

> 我日本為大乗之□、雖無小乗之比、累代明王降綸言、令学倶舎、又雖無外道之族、維摩大会令談因明、是則禅東隅緇素、知西天之儀式也（傍線筆者）

日本では勅命によって倶舎や因明を学び談じており、そのために東の果ての日本で「西天之儀式」すなわちインドの儀式が知られるとして、倶舎学が仏教の本場であるインドとつながる重要な要素として認識されているのである。このように倶舎宗が、仏教の本源への志向を通じた奈良時代復古・インド回帰を強く喚起する学問だったとすれば、その講会本尊として描かれた倶舎曼荼羅の画面に、法華堂根本曼荼羅、六宗厨子扉絵、東大寺戒壇院扉絵という奈良時代仏画の図像・様式を原本そのままにトレースしたことの意味が一層クローズアップされてくるように思われる。すなわち倶舎曼荼羅の制作にあたり、その画面にインド由縁とされた天平絵画をそのまま忠実にトレースし、奈良仏教の始原性とインド仏教への回帰を同時に画面内に実現させることで、日本仏教の八宗兼学を象徴するとともに西天の儀式になぞらえられる倶舎三十講の本尊画像として迎え

図３　法相曼荼羅（法隆寺）

図４　三仏諸尊集会図（満願寺）

られることになったのではないだろうか。その時期は、東大寺の三論宗学侶であった寛信や珍海が法華堂根本曼荼羅の価値を見出して修理を施した久安四年（一一四八）以降、戒壇院厨子扉絵の図像蒐集に深く関わったと見られる東大寺華厳宗学侶の能恵が没した仁安四年（一一六九）までの間を一つの目安としておきたい。

ところで、仏教の本源たる天竺との由縁を主張した図像を集合して倶舎曼荼羅を制作するに際し、釈迦如来を中心としてその周囲に祖師を廻らすという構成が依拠したものについても、ここで言及しておきたい。実はこうした画面構成が、倶舎曼荼羅と同様に十二世紀に成立したと考えられる法相曼荼羅にも見いだせることは大変注目すべきだろう。法相宗の祖師を描いた礼拝画像である法相曼荼羅の多くは、釈迦あるいは弥勒菩薩という仏教の本源たる仏菩薩を中央に配し、その周りにインドそして中国・日本の祖師を廻らすことによって法相宗の法脈が釈迦・弥勒から正統に相承されたものであることを視覚化している。例えば鎌倉時代前期に遡る法相曼荼羅の作例として知られる法隆寺本（図３）は、弥勒菩薩を中心としてその周りに法相宗祖師を配し、その中に倶舎と並んで「西天の儀式」と称された因明の祖師とされる天主菩薩、陳那菩薩の二人を加えることで、インドから継承された法脈の正統性を一層強調しているのである。先に倶舎宗は法相宗の寓宗とされていたと述べたが、もともと玄奘三蔵がインドからもたらした法相・倶舎は密接な関係があり、倶舎曼荼羅と法相曼荼羅がお互い何らかの影響関係をもって成立した可能性は大きいといえよう。ただし倶舎曼荼羅の未整理な構成に初発性を認めるとすれば、あるいは倶舎曼荼羅が法相曼荼羅に先んじて生み出された可能性も検討すべきである。

そもそも釈迦如来を中心に、その周囲に仏教の祖師、さらに護法神を廻らすという構成は、例えば釈迦像を中心として十大弟子および金光明経に説かれる諸天を周囲に配した京都・満願寺所蔵の諸尊集会図（図４）など、宋代の礼拝画像にその原型を見出すことが可能である。こうした宋から新たにもたらされた画像構成をもとに、インド起源を主張する奈良時代図像を集成することによって倶舎曼荼羅は生み出されたと考えられるだろう。

結びにかえて

東大寺一山結集の法会として院政期に創始された倶舎三十講は、教学研鑽の場として江戸時代に至るまで寺家規模で継続されたことが確認できる。しかし東大寺再建期に当たる建久七年（一一九六）に倶舎宗の祖師世親の名を冠した世親講が創始されると、正治元年（一一九九）には東大寺復興の中心を担った尊勝院別当弁暁や東南院律師定範以下、三論・華厳両宗の学侶が出仕して執り行われるなど、教学復興を象徴する倶舎学の論義会として、倶舎三十講とともに重きをなしていくことになる。[10]そして建久七年十月の世親講始行に際しては世親菩薩三幅像が図絵されていることから、[11]同講会の本尊が三副一鋪の世親画像だったことが判明する。

東大寺には現在、この世親講創始時に制作された本尊画像の後裔と見られる室町時代後期成立の世親像が伝来しており（図5）、同じく三副一鋪で縦一八一・二cmメートル×横一二四・三cmメートルを計るその雄大な画格は、まさに東大寺一山を挙げて執り行われた世親講の本尊にふさわしいものといえよう。高い鼻をもつ胡貌を左斜め前方に向け、右手は第二指と第三指を下方に垂下し、左手は数珠を懸けて胸前に当て、緑色の襟を持つ茶地の僧祇支に遠山袈裟と赤色の覆肩衣を着けるというその像容は、倶舎曼荼羅に倶舎宗祖師として描き込まれる世親像（図6）をそのまま坐像に改めた姿そのものであり、建久七年に描かれた初代の世親講本尊画像も同様の姿だったと推察される。すなわち奈良時代の六宗厨子扉絵から院政期の倶舎曼荼羅へと継承された図像が、倶舎宗の法会の場において後世に至るまで連綿と踏襲されていったことを雄弁に物語っているのである。

図5　世親像（東大寺）

図6　倶舎曼荼羅　世親部分

こうした東大寺における長い倶舎学の伝統の中で、院政期の教学復興という機運とともに、倶舎宗に関わる初めての本格的な論義講会として創始されたのが倶舎三十講だったのであり、その本尊画像として制作された倶舎曼荼羅が、当初の姿を奇跡的に現在にとどめていることの意義は計り知れないほど大きいといえよう。

（たにぐち　こうせい・奈良国立博物館）

註

（1）『法華堂根本曼荼羅裏書』
「法華堂根本曼陀羅。右曼陀羅者、霊山之変相、天竺之真本也。而釈迦座已下、皆悉破壊畢。或自然損失、或人以切取、多送星霜、不知年紀。爰久安四年三月、以寺僧已講大法師珍海、殊令修補。是稟家風、尤巧画図之故也。為貽来葉、粗記子細而已。別当法務権大僧都寛信。（傍線筆者）」

（2）亀田孜「奈良時代の祖師像と倶舎曼陀羅図」『仏教芸術』第一号、一九四六年

（3）『造興福寺記』永承三年二月二十二日条

（4）註(2)亀田論文

（5）『東大寺続要録』仏法篇「世親講始行事」

（6）遠藤基郎「東大寺関係指図をめぐって―付倶舎三十講・世親講・法華会講堂儀指図の紹介」『科研基盤（A）研究成果報告書　画像史料解析による前近代日本の儀式構造の空間構成と時間的遷移に関する研究』、東京大学史料編纂所、二〇〇八年

（7）東大寺尊勝院主として倶舎学復興に尽力した弁暁に関わる説草とみられる「倶舎講表白」には、「八宗ノ仏法興隆之善根」「八宗仏法興隆之作善」「八宗興隆之御願」等の文言が引かれる。『称名寺聖教　尊勝院弁暁説草　翻刻と解題』（勉誠出版、二〇一三年）所収。

（8）横内裕人「自己認識としての顕密体制と『東アジア』」『日本中世の仏教と東アジア』、塙書房、二〇〇八年

（9）註(1)

（10）永村眞「東大寺講衆集団の存立基盤」（『中世東大寺の組織と経営』、一九八九年）、同「総論　東大寺展―鎌倉再建と華厳興隆―」（神奈川県立金沢文庫特別展図録『東大寺展―鎌倉再建と華厳興隆―』、二〇一三年）

（11）註(5)

図版出典

図3：『法隆寺の至宝―昭和資財帳―』第六巻（小学館、一九八六年）、図一三八

図4：特別展図録『東アジアの仏たち』（奈良国立博物館、一九九六年）、図一五四

平安期東大寺の僧侶と学問
―特に院政期の宗と院家をめぐって―

横内裕人

はじめに

本稿では、平安時代における東大寺僧の学問環境について考察する。平安時代の東大寺の歴史は、創建期や重源による鎌倉復興期に比べて明らかではない点が多い。治承の兵火により、文書や聖教が焼失したため史料で跡づけられないのが、その原因である。本稿では、限られた史料ではあるが、東大寺の宗教活動を支えた院家に注目して、東大寺僧の学問の展開過程を検討してみたい。その際東大寺僧の昇進ルートとなった興福寺維摩会との関係を中心的な論点としたい。

近年、興福寺における教学と維摩会との関係については、一乗院・大乗院の院家と教学との関係を論じた研究が続き、その実態が明らかになりつつある[1]。東大寺についても、東大寺文書の考察を通じて、三論宗の本所と呼ばれた東南院と華厳宗の本所とされた尊勝院などについて、その組織や経営、論義などの宗教活動について論じられてきた[2]。本稿では、これらの研究を参考にしつつ、南都寺院界における東大寺教学という視点から、院家と教学の問題をあらためて検討することにする。

一　南都の中の東大寺

考察を進める前提として平安時代の南都における東大寺の位置を大まかに把握しておきたい。左に掲げたのは、大規模法会における南都諸寺の出仕者数を表にしたものである。(表1[3])

十世紀には、東大寺の出仕者数は興福寺と並び、他の諸寺を大きく引き離している。しかし十二世紀後半に至ると、興福寺僧の比率が上がっているのに対し、東大寺僧は変化がなく、数の上では興福寺に引き離された結果となっている。十一世紀から十二世紀にかけて南都諸寺院の寺勢および学問環境に変化があったことを予測させる。

また、久安三年(一一四七)に東大寺僧遲有が著した「維摩会講

表1　大規模法会における南都七大寺の出仕数

	法会の開催年	東大寺	興福寺	薬師寺	元興寺	大安寺	西大寺	法隆寺
1	延喜元年（九〇一）	70	70	20	20	20	20	20
2	正暦五年（九九四）	300	300	80	80	60	40	40
3	文治元年（一一八五）	300	500	100	15	30	15	40

1：東大寺解除会（『東大寺要録』諸会章）
2：東大寺大般若経転読（『類聚符宣抄』三）
3：東大寺大仏開眼供養会（『東大寺続要録』供養篇本）

師諸寺人数勘注（仮題）」は、承和元年（八三四）から久安三年（一一四七）までの三百十二年間における南都各寺の維摩会講師の数を書き上げた史料で、十二世紀半ばにおける南都諸寺の寺勢の差違を知るのに有用である。(4)

　維摩会は、藤原鎌足追善の法要として十月十日から十七日間行われる。その中心となるのが、講師・読師各一名と聴衆四十名からなる論義会である。承和六年（八三九）の勅により講師を努めた僧侶は、宮中御斎会・薬師寺最勝会講師を遂業すると僧綱に任じられた。維摩会は南京三会のひとつとして南都僧の昇進ルートに位置づけられた重要な法会である。また維摩会には竪義が設けられ、この竪義に合格した竪者は得業と号され、有識の学侶として重きをなした。

　さて暹有の勘注は、各寺の講師の数と僧の所属する宗派の別とを記しており、以下のように纏めることが出来る（表2）。

　まず寺院別の講師数を比較すると、興福寺が全体の約六割を占め、圧倒的に数が多い。東大寺は二割（興福寺の三分の一）、元興寺・薬師寺は一割に満たない。次に宗派別に見ると、法相宗が全体の七割強を占め、次いで三論宗が二割弱、華厳宗は一割弱となる。興福寺の講師は全てが法相宗であり、東大寺以下各寺においても法相宗が学ばれていることから、十二世紀半ばには興福寺法相宗が南都の学問の中心に位置していたことが指摘できる。これに次ぐのが三論宗で、東大寺・元興寺の二寺が拠点となり、興福寺を除く各寺でも学ばれている。華厳宗は、ほぼ東大寺のみに限られ、南都全体でみるとその占める割合はごく僅かである。本稿の趣旨から見ると、東大寺は興福寺に押さえられながらも法相・三論・華厳の講師を一定数輩出してきたことが注目される。

表2　寺院・宗派別講師数（『維摩会講師諸寺人数勘注』をもとに作成）

	講師数	法相	三論	華厳	天台
興福寺	177	177	0	0	0
東大寺	61	10	29	22	0
元興寺	24	13	110	0	0
大安寺	9	5	4	0	0
法隆寺	2	0	2	0	0
西大寺	7	5	2	0	0
薬師寺	20	13	4	3	0
延暦寺	4	0	0	0	4
合計	(304)	221(223)	51(52)	25(25)	4(4)

合計欄は、史料に記載された数の後に、実際の合計数を（　）で示した。

　より詳細に、南都七大寺の学問の推移を確認し、東大寺の位置を概観しよう。井上光貞氏が作成した時代別の南都七大寺維摩会講師登用数（表3）(5)からは、寺院・宗派の変遷を読み取ることが出来る。

　三会定一となった直後の九世紀にも興福寺の優位は明かだが、元

表3　七大寺僧の維摩会講師数（井上光貞『新訂日本浄土教成立史の研究』山川出版社、1956年、391頁表を改編引用）

時代	承和〜仁和（847〜888）				寛平〜永観（889〜984）				寛和〜応徳（985〜1086）				寛治〜元暦（1087〜1184）				
宗	法相宗	三論宗	華厳宗	計	法相宗	三論宗	華厳宗	計	法相宗	三論宗	華厳宗	計	法相宗	三論宗	華厳宗	計	
興福寺	16	1		17	38			38	74			74	81			81	210
元興寺	7	7		14	4	5		9									23
薬師寺	7		2	9	3	3	1	7	3	1		4					20
東大寺	1		5	6	7	12	6	25	5	8	7	20	1	12	4	17	68
西大寺	3	2		5	2			2									7
大安寺	1	3		4	3	1		4	1			1					9
法隆寺	1	1		2													2
計	36	14	7	57	57	21	7	85	83	9	7	99	82	12	4	98	339

興寺も大差が無く、しかも東大寺は、薬師寺に次いで第四位の地位にある。ところが十世紀に到ると元興寺・薬師寺僧の数が減り、東大寺は興福寺に次ぐ位置に昇る。摂関期には、興福寺僧が激増し、東大寺は漸減する一方、元興寺・西大寺・法隆寺からの講師が見られなくなる。院政期には、ついに興福寺・東大寺の二大寺のみとなる。

宗派の内訳をみると、興福寺はほぼ法相宗に限定され、摂関期までの東大寺からは法相宗・三論宗・華厳宗の三宗の講師が出たが、院政期に入ると三論宗・華厳宗の二寺・三派に収斂してしまうのである。総数を見るならば、法相宗が他を圧倒して優位にあり、三論宗は辛うじてその存在を主張できる数を保ち、華厳宗はごく僅かに命脈を保っているに過ぎない。

以上から、平安時代の東大寺の位置づけを確認すると、院政期に到るまでに興福寺とならぶ二大寺の地位を確立しつつも、興福寺の寺勢には遠く及んでいないこと、興福寺が法相宗を独占する一方で、東大寺には三論宗と華厳宗の枠組みが残されたこと、の二点を確認できる。実際、院政期の東大寺学侶は、そのほとんどが三論宗に所属し、少数ながら華厳宗の僧侶が存在していた[6]。

院政期には、興福寺が東大寺以外の諸大寺を系列下に置き[7]、僧綱ルートをほぼ独占する中で、東大寺は三論・華厳の枠組みを保ちながら独自の立場を築いていたといえる。では、このような東大寺の学問環境はいかにして形成されたのであろうか。その際に注目されるのが、南都寺院が中世化するなかで、世俗と寺院との接点となった院家の発展である。周知のように、東大寺の二大院家となった東南院と尊勝院とは、それぞれ三論宗の本所、華厳宗の本所と称され、宗の教学の担い手を再生産する拠点でもあった。以下では、院家が宗の教学振興をどのように担い、特に興福寺維摩会とどう関ったのかについて考察する。

二　東南院と三論宗

㈠　東南院の系譜

まず東南院の成り立ちについて確認しておく(8)。東南院は、東大寺別当道義が移した佐伯院の堂宇を、佐伯氏の付属を受けた聖宝が「一門」の院家に定めたものである。東南院は、三論宗と真言宗の兼学の拠点となり、後世に「三論之本所」としての位置を占めるにいたったという。『三論祖師伝』は、東南院は聖宝以後、「以三論宗補供別当、以代々院主、為宗長者、相伝及九代」と記す。三論宗に供別当を置き、聖宝以降の歴代院主が宗の長者となったという、院家と宗の密接な関係を示唆する（後述）。

この東南院を継承した歴代院主の経歴を見てみよう。「東南院院主次第」（『東大寺続要録』）によれば、聖宝以降、平安時代末期の勝賢にいたるまで十三人が確認できる。

聖宝―延敒―観理―法縁―澄心―**済慶**―**有慶**―慶信―**覚樹**―**恵珍**―**聖慶**―**道慶**―勝賢

（――維摩会講師、〰〰竪者、太字は一族継承）

その内訳をみると、聖宝・慶信・聖慶以下三代を除き、維摩会講師を経ており、また早世した聖慶・道慶も維摩会竪者を努めていることから、歴代院主は、真言宗を兼学しつつも三論宗を学ぶ学侶であることがわかる。さらに注目できるのは、十一世紀後半以降、院主の地位が一族間で継承されている点である。これらの点について、その意味を考えてみたい。

㈡　慶　信

まずは、第八代院主の慶信を採り上げる。慶信（？―一〇九五）は、承保二年（一〇七五）に東大寺別当となった人物で、「臨時朝恩」や伽藍「修造賞」(9)によって法印まで出世した。慶信の経歴で注目されるのは、彼が南京三会での昇進ルートに乗っておらず、白河院との人的関係で出世していることである。

延久三年（一〇七一）二月、東大寺別当でもあった師の有慶は死去の前日に、大僧都を辞しその譲で慶信は法橋に叙されている（『東大寺別当次第』）。この時、注目されるのが、次の史料である。

次三論長者諸《寺カ》三論宗中殊撰器量以官符所補来也、而延久三年永以東南院々主可為此宗長者之由被宣旨以来于今無違乱矣、

（『東大寺続要録』）

従来三論宗の長者は諸寺三論宗の中から、器量のものを撰び官符で補任してきたが、有慶からの東南院院主の継承に際して、東南院主を三論宗の宗長者とする宣旨が下ったというものである。宗と院家との関係が、この時一体化したことを示す注目すべき記事である。

これについては、元興寺三論供の東大寺への吸収を論じた佐藤泰弘の研究がある(10)。佐藤は、『中右記』に見える次の史料に注目した。

（東南院主覚樹が）此次密々語云、三論供別当二ケ事也、一ハ

本寺供別当、一ハ元興寺三論供別当也、故法印（慶信）時、被下宣旨、所知来也、件供別当乍二譲此少僧恵珍了、（『中右記』
大治五年三月二十八日条）

すなわち慶信の時、宣旨によって本寺（東大寺）・元興寺の「供別当」を兼帯したとの所伝であり、「東大寺三論供別当もまた、この宣旨によって東南院に固定されたのではなかろうか」という。延久三年、東南院主による東大寺・元興寺三論供別当の兼帯を朝廷が公認した。すなわち、東南院主は、年齢・臈次・僧階や学業の資質―「器量」―とは別次元で、両寺三論供別当＝宗長者となった[11]。諸寺「供別当」に代わって現れる「宗長者」という呼称は、南都諸寺における寺院の消長とそれにともなう「別供」の再編過程を経て生じた中世的な性格を有する。

慶信以前にすでに、東南院主は一族間継承されており世俗の論理が、院家の世界に浸透しつつあった。三論宗の場合は、供家という古代以来の教学維持装置が、中世的な変容を遂げつつある院家に移管されたのだ。

(三) 覚　樹

では、宗と院家とはどのような関係にあったのか。慶信の後を襲った東南院樹覚樹（一〇七九―一一三九）の事績から検討してみたい[12]。

右大臣源顕房の息であった覚樹は、東南院初の貴種僧であり、承徳二年（一〇九八）維摩会竪者を勤め[13]、天永元年（一一一〇）に維摩会講師となった。覚樹以降、東南院主は四代に亘り村上源氏出身

村上源氏と東南院

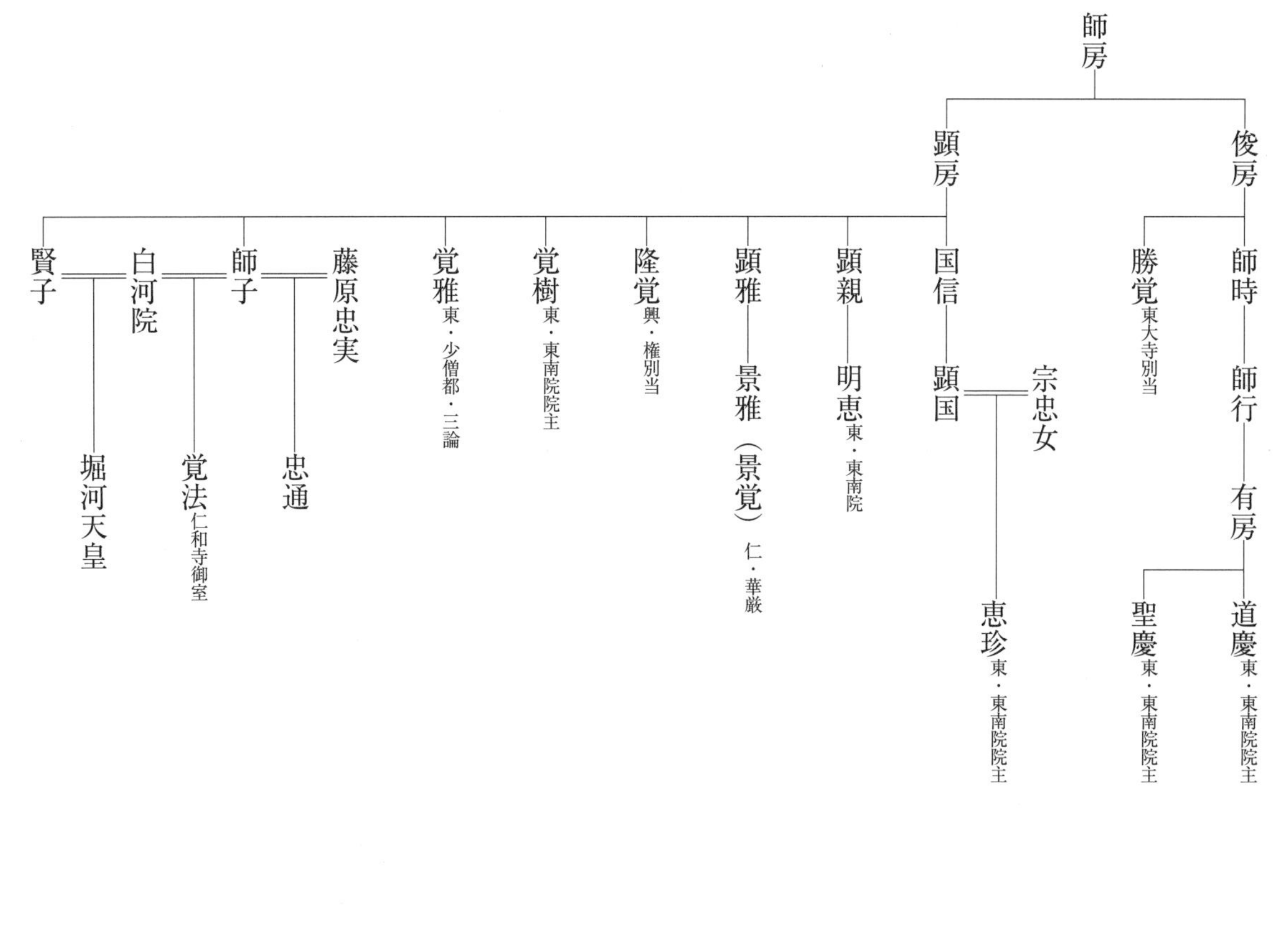

僧が継承する（系図）。

覚樹が三論長者として史料に現れるのは、康和三年（一一〇一）に始まる維摩会における興福寺との騒擾事件で、世に赤袈裟事件として知られる両寺の抗争[14]の一連を成すものである。

康和三年（一一〇一）九月の華厳会で東大寺別当永観が東大寺諸司に赤袈裟を着用させたことをめぐり、これを否とする興福寺大衆が騒擾事件を起こし、東大寺は維摩会聴衆を参加させなかった。これに対して、興福寺大衆は講師勝暹（東大寺・華厳宗）を追却し、事態の打開を図る興福寺別当覚信は、東大寺所司を通じて、「三論長者」たる「東南院右府禅師覚樹」に「自今以後の東大寺講師竪義停止」を通告。結果、覚樹の命により聴衆が出仕し、一旦は解決を見る。[15]

当時、覚樹はいまだ維摩会竪者となったばかりで、講師を経てもいないにかかわらず、東大寺側の維摩会出仕者をめぐり興福寺別当と交渉を行っている。また覚樹の差配で、東大寺聴衆の参・不参が決められていることがわかる。

また翌年、康和四年（一一〇二）九月には、東大寺転害会で覚樹の桟敷から興福寺田楽を射散らしたことから、両寺の合戦に及び、寺辺郷が焼亡する事件が起こった。[16]これにより、「年来、東大寺東南院房門跡の人覚樹の許に在」る五師子如意が維摩会初日に講師に渡されず、東大寺聴衆を出仕させない事態が発生した。関白藤原忠実は、堀河天皇の宣旨により、覚樹に対して如意の提出と聴衆出仕を命じ、何とかこれを実現させた。[17]五獅子如意の使用・聴衆出仕を決定しているのは、やはり覚樹である。維摩会という国家的法会の諸案件に関与しているのは、東大寺別当ではなく、東南院主・三論宗長者なのである。

だが、三論宗長者としての東南院主の立場は当初から万全であった訳ではない。維摩会竪者の人事権をめぐる東大寺別当勝覚（一〇五七―一一二九）と東南院主覚樹との相論についてみてみよう。

長治二年（一一〇五）の維摩会では、覚樹と前年に東大寺別当となった勝覚（源俊房息、覚樹とは従兄弟の関係）との間で竪者の「供解文」発給を巡り相論があり、維摩会初日に覚樹は五獅子如意を渡さず、また東大寺の竪義が出来なくなった。[18]翌年嘉承元年（一一〇六）にも、やはり「本別当」勝覚と「供別当」覚樹との間で相論があり、「別当判」が加えられなかったため三論宗の竪者が立てられなかった。[19]だが、この時、華厳宗の竪者は遂業しており、この挙は「□別当法眼俊(勝カ)覚挙」であったという。[20]つまり華厳宗の竪者は、寺家別当の挙で行われていたのである。

この寺家別当勝覚と供別当覚樹との相論が決着したのは、翌嘉承三年（一一〇八）である。後の史料ではあるが、『三論祖師伝』（覚樹）には、

投(抑カ)尊師僧正、建立当院之後、以三論宗補供別当、以代々院主、為宗長者、相伝及九代、年紀過二百余歳、自宗之中撰学器量、放大供別当供解文、挙維摩大会竪義者、等(寺カ)家別当五師連署至九月中被付綱所、承前不易之例也、而長治之比、寺家別当不知先例、致相論之刻、被尋問子細、於両方決断理非之処、以嘉承三年寺家別当勝覚幷大供別当覚樹共議、任旧例撰其器量可請定維摩会竪義者之由所被下勅定也、（波線は横内）

との記事がある。

文意が取りにくい箇所があるが、「聖宝以後、三論宗に供別当が置かれ、代々院主が宗長者を相伝した。三論宗のうち器量の学者を選出し、「大供別当」が「供解文」を発給して維摩会竪者を推挙し、寺家別当・五師が連署して九月中に綱所に提出する先例であったところ、長治年間に寺家別当が先例を知らず、相論に至り、双方の理非を裁断したところ、嘉承三年に寺家別当勝覚と大供別当覚樹が合議して、旧例どおり竪者撰出方法をするよう勅定があった」という。

だが、前述のように、一次史料に拠る限り、覚樹は「供別当」であり「大供別当」ではない。『三論祖師伝』が覚樹を「大供別当」と現すのは明かな誤りである。東大寺大供別当は、十世紀後半には、東大寺寺家別当が兼帯していた可能性が指摘されており[21]、『三論祖師伝』の先例の記述をそのまま解釈すると、三論宗竪者の「供解文」も大供別当たる寺家別当が発給していた先例もあったのではないか。覚樹の前東南院主慶信は、東大寺別当・東南院主を兼帯したまま死没した。慶信時代には、「大供別当」「供別当」を兼ていた慶信が解文を発給したが、そこで「大供別当」と「供別当」との区別が曖昧になったまま覚樹が供解文を発給し続けたという可能性も指摘できよう。ここに新別当勝覚の介入を許した原因があるのではないか。長治二年に、寺家別当勝覚が華厳宗の竪者の挙を行っていることも、「大供別当」としての寺家別当の権限に由来するのかもしれない[22]。

このように、東南院主＝供別当の立場は、必ずしも確立したものではなかったが、この間の維摩会竪者をめぐる相論を通じて、東南院主は宗長者としての人事権が認められて行った。

(四) 院権力の南都への介入と維摩会

東南院主覚樹が、三論宗長者として、興福寺別当あるいは東大寺別当と対決できたのは、貴種という彼の出自に由来する。寺院の内外の利害調整のために貴種が要請され、世俗権力との関係が密接になる[23]。周知のように、十一世紀の後半から興福寺には摂関家の子弟の入寺が始まり、世俗の縁が南都寺院界にも浸透していく[24]。これと揆を一にするように、世俗権力の南都への介入の動きが増加する。平安後期の特徴として、院家と院権力の関係についても検討しておきたい。

よく知られているように、興福寺では、白河院の近臣僧で真言密教僧の範俊が興福寺権別当に任じられ、大衆との対立を引き起こしている[25]。とりわけ顕著なのが、維摩会において範俊が講師挙を放つことへの反発である。密教僧であった範俊は、高位の僧綱であったが、維摩会講師を経ておらず、大衆は「不経道僧綱」の挙として拒絶している[26]。南京三会に対する興福寺僧のこだわりは、院権力による維摩会への人事介入を許さなかった。

だが東大寺においては、若干様相を異にしている。白河院の近臣藤原為房の男、寛信は真言の阿闍梨であったが[27]、白河院の命で東南院に移住し、覚樹のもとで三論を兼学した[28]。寛信は維摩会竪義を遂げていなかったが、「准業宣旨」を蒙り、院の意向で南京三会での昇進を目指す。永久四年（一一一六）に、寛信が維摩会講師とされると、興福寺大衆は反発し、寛信は講師を遂げることが出来なかった[29]。これに対し覚樹を初めとした東大寺聴衆は維摩会をボイコットし、維摩会が混乱する事態となっている。

院の維摩会講師への人事介入に対し、興福寺大衆が反発する一方で、東大寺においては院に近い僧侶を受け入れ、正反対の対応をしている。院家と世俗の一体化が教学新興の側面にも大きな影響を与えたのである。

(五) 院家の継承と世俗の関係

さて、平安末期における東南院の実態について、院主となった僧の血縁関係についても検討しておきたい。

覚樹の後継者となった恵珍（一一一八―一一六九）は覚樹の兄国信の孫に当たり、また藤原宗忠の外孫でもあった[30]（前掲系図参照）。恵珍の父で、宗忠の聟でもある顕国が保安二年（一一二一）に早世したため、宗忠は孫の将来を気に懸け、親類の覚樹のもとで学生として学ばせていた[31]。

大治四年（一一二九）覚樹は恵珍を弟子とすると、同時に仁和寺御室覚法親王の弟子にもさせている[32]。加えて、東大寺で受戒を終えさせた後に、宗忠は恵珍を伴い、御室覚法を訪れて、「後日の牢籠」がないよう、覚樹からの恵珍への「処分」のことを申し入れている[33]。加えて、宗忠は覚樹から恵珍と「顕親朝臣禅師」（覚樹甥明恵か）との遺産分与に関する文書を貰い、やはり覚法に届けている[34]。東大寺三論供・元興寺三論供の供別当は「二つ乍ら」覚樹から恵珍に譲られてたものであった[35]。宗忠は、念を入れて大殿忠実（覚法の異父）にも覚樹からの譲りの件を報告し、東南院主継承の社会的承認を図っている[36]。その後、東南院主覚樹の庇護のもと、恵珍は十七歳にして維摩会竪義を遂げ[37]、保延二年（一一三六）には、宗忠が忠実の内意を取り付けて、将来の維摩会講師候補者たる宣旨聴衆に撰出させている[38]。

以上、覚樹から恵珍への東南院院主職継承に際して、世俗からの積極的な関与があった事実を確認した。宗忠・覚樹は、恵珍への院主・遺産処分を、縁の及ぶ御室や摂関家当主の保証のもとで社会的に認知させる一方で、維摩会において恵珍の南都寺院界での足がかりを築かせている。東南院主の地位は、世俗の縁と切り離せない段階に到っていることが知られよう。

(六) 東南院の教学と経蔵

貴種を院主に擁して、東大寺・元興寺の三論別供を合わせ、事実上、南都の三論宗の本所となった東南院では、東南院主が宗長者の立場から、南都僧の昇進ルートである維摩会において三論僧を出仕させるために、東南院独自の教学振興策を進めた。

それが『東大寺続要録仏法篇』に見える大乗義章卅講である。

一、大乗義章卅講事
保延二年始行、撰召三論一宗之学徒令修三十座之講行、一向以大乗義章為宛文分二百余科令問答論読、於施供等用途者［覚樹
］而定範法印院務之時被副三論疏了、云義章之精読、云三論疏之問答、共闘智弁、互決雌雄者也、

これが開始されたのは、覚樹晩年の保延二年（一一三六）で、その内容は、東大寺内の三論宗の学徒の中から撰び召した僧侶に三十座の論義を行わせるというもので、慧遠撰大乗義章二十巻をテキストにして二百余科に分類した本文について問答論読させる、まさに維

摩会をはじめとした論義会に即応したテキスト精読となっている。

この「院家宗卅講」[39]は、「恒例寺役御卅講」[40]、「三論三十講」[41]などと称され、平安時代を通じて退転することなく継続され、鎌倉時代には院主定範が三論疏を加えて内容を拡充させている。

覚樹以前には、こうした東南院独自の恒例とされる講問は確認できない。また鎌倉時代になると、東南院主や寺家別当が主催する諸講が活発になる。院家が宗の僧侶を積極的に養成する先鞭をつけた覚樹の大乗義章卅講の画期性にあらためて注目したい。

覚樹は、長承三年（一一三四）より『倶舎頌疏論』の加点・仮名付を始め、翌年には『倶舎論記』の切句、保延三年（一一三七）には『倶舎論疏』を点了し、丁度この頃、三論教学の基礎になる倶舎論の修学を行っている[42]。これは個人的な倶舎研究というよりは、今後、東南院門徒の修学の根本テキストとして、自らの読みと解釈を示したものと意義づけられる。

東南院経蔵には覚樹を始め、院政期の三論学侶の修学を支えた数多くの経巻聖教が集積されていた[43]。そこには院政期の三論学僧である珍海、秀恵、寛信らによる大乗義章の問答抄の名が散見する。今後は、東南院経蔵に蓄積された聖教の内容を検討することで、平安時代の東大寺僧の修学の実態が解明されることが期待される。

三　尊勝院と華厳宗

(一)　院政期の院主

さて次に華厳宗の本所とされた尊勝院について検討する。

尊勝院は、創建に際して「以華厳宗為院住僧」とされて以来、「華厳本院」・「花厳本所」として華厳教学の発展と華厳宗僧の結集の拠点となったとされる[44]。近世に成立した『東大寺諸伽藍略録』には「至応和元年、以此院主可為華厳宗長者旨、被　官符」とあり、近世には本院主を華厳宗長者とする認識が見られた。だが光智時代にこの様な官符が下った事実は確認できない。

では尊勝院と華厳宗との関係がどのようなものであったのか、もう少し掘り下げて検討してみたい。

まずは院主の性格を確認しておこう。「尊勝院院務次第」（『東大寺続要録』諸院編）は以下のように記す。

光智—法春—松橋—運幸—観真—良真—千猷—延幸—深幸
—延尊—定暹—隆助—弁暁—道性—良禎—勝信—宗性

（□維摩会講師・竪者、——講師のみ、〰〰竪者）

十一世紀までの院主の多くは維摩会の講師・竪者を努めているものの、深幸から弁暁までの院政期の院主は、弁暁を除き維摩会への出仕は見られないのが特徴である[45]。すなわち南京三会で僧綱位を獲得することはないのだ[46]。院政期における尊勝院華厳宗僧の地位の低下が推測される。また貴種の入寺は、九条家出身の道性・良禎・勝信の鎌倉時代まで大幅に遅れる。前述した東南院との相違が特筆される。

(二)　院政期の東大寺華厳

院政期における尊勝院僧の地位低下は、直接には南京三会への請定減少が原因である。ちなみに院政期における華厳宗僧の維摩会講師を掲げると、承暦四年（一〇八〇）延懐、康和三年（一一〇一）勝暹、永久四年（一一一六）覚厳、長承二年（一一三三）厳意、承安三年（一一七三）弁暁、建保二年（一二一四）道性となり、十〜四十年の間隔が見られる。これにより華厳宗の僧綱不在が常態化する。この事態は、当時の人々にどのように認識されていたのであろうか。

長承二年に厳意が講師に選任された折の経緯が『中右記』に記されている。

この年の維摩会講師は、競望の人が多く選定が遅れていた[47]。五月二十九日、東大寺華厳宗の厳意が宗忠の許を訪れ、維摩会講師に請定されたい旨訴えている[48]。この時、宗忠は、

　花厳宗中無僧綱已講一人、誠不便也、就中法成寺精義、雖凡僧勤其役、及三ケ度、是又為御堂陵遅源也、旁有道理人也、大略横競望人々申破歟、何為哉、

と述べ、厳意に賛同しつつ、現在、華厳宗の僧綱・已講が一人もいないため、法成寺八講の精義に凡僧を呼ばなければならない事態になっていることを嘆き、「御堂陵遅の源」であると評している。華厳宗の衰退への概歎は、寺院のみならず、一部の貴族も共有する認識で、法会の荘厳を保つためのものであった。

その後、維摩会講師には鳥羽院の意向が反映され、数輩を超越して延暹に決定したが[49]、一月後、延暹が辞退したため、今度は関白忠通が推す東大寺厳意と大殿忠実が推す興福寺僧で東寺とも近い厳誉との二人の候補者が俎上に載せられた[50]。この時、宗忠は、忠通に次の意見を提出した。

　進返事云、今度ハ厳意に可給事也、其故ハ華厳宗依無僧綱、已講已絶了、加之先年法成寺精義役勤人也、御堂精義、僧綱已講互勤来事也、凡僧勤時ハ尤被下講師宣旨勤精義役也、厳意為凡僧勤御堂精義以降両三年、未蒙講師宣旨、精義御堂事陵遅之由、自他門徒申含云々、就中大乗之一宗可絶、道理已有二、尤可給厳意歟、延暹山階寺之人也、先給了、仍御寺強不可為憂歟、但依大殿仰給厳誉、不可申左右、所思一旦上啓如件、

宗忠は、法成寺精義に関する持論を展開し、さらに大乗の一宗が断絶してしまう危機感を忠通に伝えている。この年は、宗忠の具申どおり、厳意が講師とされたが、南都の大乗宗たる華厳宗を絶やしてはならないという、伝統維持の意識が一部の貴族層に共有されていた点が注目される。だが、貴種を迎えた興福寺、法相宗の台頭、これに対抗しつつ一定度の実力を保ち続けた東大寺東南院の三論宗と異なり、東大寺華厳宗は有力な世俗の後ろ盾を失い、維摩会への請定も激減した。御願寺など宗派の伝統を維持しようと考える貴族の意識により、ようやくその命脈を保っていたといえよう。

それでは、東南院に東大寺・元興寺三論別供が再編吸収されたごとく、尊勝院と華厳別供との関係は見られるのであろうか。

華厳供は天平十二年（七四〇）に良弁が創設したが、院政期までの尊勝院と華厳供との直接的な関係を示す一次史料は、管見の限り見当たらない。東大寺には鎌倉時代のものと推測される木造「華厳

供印」が伝来しており、[51]鎌倉時代にも華厳供が存在したことは確かであるが、その実態は明かではない。

また前述のように十二世紀初頭、華厳宗の維摩会竪者挙状が寺家別当によって放たれていた事例もあり、尊勝院主が華厳供別当として維摩会の人事に関わっていたのかは、不明とせざるを得ない。[52]『東大寺続要録』（仏法篇）に尊勝院主良禎を「花厳宗長者」と記す事例もあるが、尊勝院主が当初から華厳宗長者であったとする明確な根拠は見当たらない。

（三）　仁和寺華厳との関係

そこで注目したいのが、院政期の仁和寺僧景雅（景覚）である。[53]この人物は、大治二年（一一二七）に東大寺華厳僧として維摩会竪義を遂げ（「・雅」、『三会定一記』）、久安年間に東大寺・華厳宗得業として法勝寺御八講聴衆に参加（「景覚」、『法勝寺御八講問答記』）する一方、保元二年（一一五七）には仁和寺御室覚性の勧賞で法橋に任じられている（「景雅」『御室相承記』、「景覚」『人車記』）。その彼が、応保二年（一一六二）に「〈仁〉景覚〈大納言顕雅息花厳宗長者　年〉」（応保二年、『究竟僧綱任』[54]）と、仁和寺僧・華厳宗長者として史料に現れるのである。

景雅は、東大寺と仁和寺の双方に拠点を置きつつ、華厳教学に従事していたことが知られる。[55]史料上、尊勝院の華厳教学が停滞していたかにみえる十二世紀中葉、実際に活躍していた華厳僧は仁和寺とのゆかりをもち、華厳宗長者と称された景雅であったのである。明恵の師としても知られる景雅は、弁暁の師であったともいう。[56]

その出自も興味深く、源顕雅息、すなわち村上源氏顕房流に属し、覚樹の甥にも当たる（前掲系図参照）。つまり、前述のように院政期の東南院・三論宗が村上源氏・仁和寺の縁のもとで、修学活動を継続していたのと同様の関係が、東大寺華厳宗にも見られるわけである。鎌倉期にはいると、弁暁・宗性らの活躍により、尊勝院の華厳教学は空前の活況を呈するが、鎌倉期東大寺華厳への橋渡しをしたのが、貴族出身の僧侶であった。

尊勝院院主が華厳宗長者とされるには、鎌倉時代以降の尊勝院の実質的な発展を待たなければならなかったのではないか。

おわりに

平安時代における東大寺の院家における教学活動について概観してきた。考察の対象は、院政期の東南院・尊勝院の二つの院家を扱うだけに終わってしまったが、二つの院家が歩んだ違いに着目したい。世俗の権威に支えられた外皮のもとで、教学活動に重点を置いて学侶を養成し、維摩会において自宗の僧侶の人事権を行使して僧侶を再生産する。これに成功した東南院と、その道を選択できなかった尊勝院とでは、その後の歩みに大きな差違が見られた。院政期にいたり、古代的な別供に代わって、宗の教学を支えた院家は世俗の外皮に覆われた新しい教学養成機関となった。この点において、院家を寺内における単なる私的な独立法人と考えるのは誤りであり、宗の教学を支える公的な役割をも有していたといえ、あらためて院家の重要性に気づかされる。

ただし寺家の修学体制の整備が、ほぼ同時期に進行していた点には注意する必要がある。例えば、別当永観が設置した百口学生供がある。三論宗や華厳宗という個別の宗を超えた一体意識が学侶の中に芽生えて行くことが予想されるが、それと「大衆」の成長とどのように関わるのか。この問題を課題として、引き続き院政期の東大寺の教学活動について考えて行きたい。

（よこうち　ひろと・文化庁）

註

（1）高山有紀『中世興福寺維摩会の研究』（勉誠社、一九九七年）、高山京子『中世興福寺の門跡』（勉成出版二〇一〇年）

（2）永村眞『中世寺院史料論』（吉川弘文館、二〇〇〇年）

（3）拙稿「平城京寺院の中世化―元興寺を例に」（『季刊考古学』一一二号、二〇一〇年）より転載。

（4）「維摩会講師諸寺人数勘注（仮題）」は、天和四年実英書写「維摩会表白」（東大寺図書館貴重書一四二／八五三）に所収される。未紹介と思われるので全文を掲げておく。転写を重ねたゆえか、文意の通らない箇所がある。

敬礼金粟仏　維摩詰長者　菴羅方丈室　示現相浄土
能仁勅妙徳　芳問浄名疾　炙然顕不二　種々不思議
晨旦後秦時　興始八夏中　羅什翻此経　異訳無垢称
於諸大洲中　我朝日本洲　仏法広流布　維摩大会故
斉明皇四年　大織冠痾時　福亮初講説　維摩大会興
彼年当戊午　至久安丁卯　年代可経歴　四百九十一
三会一定事　承和元甲寅　二百七十五　講師准応知
興福講師葉　一百七十七　昇綱九十三　純一法相宗
東大寺講師　六十有一人　華厳二十二　三論二十九
法相宗十人　此外擬十四　連請例五度　平仁及豊芸
勢範与嘉円《喜薗》　智愷幷延産　基操於観理　法縁復円芸
元興二十四　三論十一人　法相宗十三　大安寺九人
三論四法五　法隆二皆三　西大寺七人　三論二法五
薬師二十人　法相宗十三　華三三論四　延暦寺四
諸寺惣法相　二百二十一　三論五十一　華厳二十五
天台十三人　不預論莚烈　律家三密流　成実倶舎宗
誰独可残止　吉廻転於心　厭生死可欣浄刹《ハ》　但経云若人
能修学　是名為真供　若余習云々　我猶滞　覚路空
作修学第一《ノ》善根　我《モ》人《モ》生同一浄土　同証無生菩提
久安三年丁卯五月十五日丁丑竜樹末葉蓮台行人注勘之
遅有

（5）註（3）拙稿「平城京寺院の中世化」より転載。井上光貞『新訂日本浄土教成立史の研究』（山川出版社、一九七五年）三九一―三九二頁の表を再編したものである。

（6）永治元年（一一四一）の東大寺学侶百人（百口学生）の内訳を見ると、大法師五十九人、得業三十一人、五師六人、已講三人、僧綱一人となっている。この内、僧侶が属した宗が確認できるのは、得業以上であるが、その多くが三論宗で已講三名も全て三論宗である。（平安遺文二四五二号、東大寺牒案。）

（7）註（3）拙稿「平安京寺院の中世化」

（8）永村眞「「院家」の創設と発展」（『中世東大寺の組織と経営』塙書房、一九八九年）

（9）『東大寺別当次第』（角田文衞編『新修国分寺の研究』第一巻　東大寺と法華寺、吉川弘文館、一九八六年）

（10）佐藤泰弘「東大寺東南院と三論供家」（『甲南大学紀要文学編』一四四号、二〇〇六年）

（11）慶信は、維摩会講師を努めず、東大寺別当に就任した後も、交衆しなかったという（「別当法印慶信須参入、而年来無交衆、」増補続史料大成『白河上皇高野御幸記』）

（12）覚樹の事績については、追塩千尋「東大寺覚樹について」（『印度哲学仏教学』一六、二〇〇一）を参照。

（13）「已列三論之学徒、定為一宗之棟梁歟、抑云探題、云竪者、共是槐門貴種也、法会之面目、学道之英雄也、堂中僧侶皆以感歎、」（『中右記』承徳二年十月十二日）

（14）五味文彦「永観と「中世」」（『院政期社会の研究』山川出版社、一九八四年）

（15）『三会定一記』康和三年条、『殿暦』康和三年十月十三日条

（16）『中右記』康和四年九月四日条

（17）『中右記』康和四年十月九日、十七日条、『殿暦』康和四年十月十日条

(18)『類聚世要抄』十七、長治二年条には「同暦記云、長治二年、十日、東大寺別当勝覚法眼与東南院院主覚樹禅師供解文相論之間、不渡五師子如意云々、仍疑論議(義)出大会了、勅使右中弁長忠、講師経禅、□□(研学)竪義者成耀、為房朝臣息男寛信参仕聴衆、元是勧修寺、真言宗也、而依綸言兼学三論移住東大寺云々、希代事歟、十一日、竪者実俊、十二日、始受取五師子如意、任例不疑論議也、東大寺竪義依供解文論不遂之、凡此間諍論喧嘩云々、召勝覚法眼於弓場殿致沙汰云々、十三日、依有論功之由、宣舜竪義遂了、十四日、賢覚竪義遂了、」と見える。また『殿暦』長治二年十月十一日条を参照。

(19)『中右記』嘉承元年十月十七日条、『類聚世要抄』十七、嘉承元年条。

(20) 註(18)『類聚世要抄』十七、嘉承元年条。「俊覚法眼」なる僧侶は当時確認できず、「勝覚」の誤記かと思われる。

(21) 註(10)佐藤論文および堀裕「法会に刻まれた古代の記憶」(『仏教史学研究』四六―一、二〇〇三年)。堀論文では、『東大寺別当次第』別当観理(東南院・三論宗、安和二年(九八九)寺家別当任)の項に「大供講師解文中、大供別当幷本寺別当共有彼大僧都名」とあることから、十世紀末には、大供別当が存在していたこと、観理が大供別当と寺家別当が兼任していたことを指摘している。東大寺大供(大修多羅供)についての記述は、これ以後見当たらないという。堀は、十世紀半ばに、興福寺・薬師寺においては大修多羅衆が学侶結集の場として再構築されるが、他の寺院では、他に学侶層の結集の場が形成されることで、(大修多羅衆は)十世紀末頃には衰退消滅したと重要な指摘をしている。東大寺にあっては、学侶の結集の場が、三論宗については別供を継承した東南院という院家に移ったといえるであろう。

(22) 興福寺においては、大供別当を兼任した興福寺別当が、興福寺僧の維摩会研学竪義の竪者の簡定に関わり、興福寺竪者簡定状を発給していた。

(23) 藤原忠通の息、覚継が若干十四歳で法花会竪義を無事遂げたとの報に接した藤原宗忠は、将来の仏法棟梁・法相長吏の登場として賞賛し、「就中末代之仏法、以貴種可為貫首歟、無其威者難保之故也」と、俗権の威がないと寺院経営・統治が叶わない現状を述べている。

(24) 大山喬平「近衛家と南都一乗院―「簡要類聚鈔」考」(岸俊男教授退官記念会編『日本政治社会史研究』下、塙書房、一九八五年)

(25)『中右記』康和四年八月六日、八日条

(26)『殿暦』康和三年十月十七日条、『中右記』康和三年十月十七日条、『三会定一記』康和三年条

(27) 例えば「勤仕院御修法」(『中右記』大治五年正月八日条)を参照。

(28)「(最勝講)聴衆兼禅、覚樹、寛信已上東大寺、寛信為房朝臣息、本醍醐寺人、已阿闍梨也、而渡東大寺三論宗衆、蒙准業宣旨、今年初参此講筵也、」(『中右記』嘉承元年五月十三日条)。また寛信は、「金光明最勝王経玄枢巻第十四/長承元年冬以東南院僧都覚樹本写/権律師寛信」(大正蔵No.二一九六)とあるように、覚樹のもとで教学活動に従事していた。

(29)『殿暦』永久四年十月二日、十一日条、『類聚世要抄』十七、『三会定一記』永久四年。結局、寛信は元興寺修理賞で権律師に任じられる(大治四年十二月二十九日条)。翌年、追捕された当講恵暁の闕で御斎会講師を勤めた。

(30) 恵珍の事績については、追塩千尋「東大寺恵珍とその周辺」(札幌大学文化学部『比較文化論集』十一、二〇〇三年)を参照。

(31)『中右記』長承元年十一月十四日条

(32)『中右記』大治四年八月十九日条

(33)『中右記』大治四年十二月七日条

(34)『中右記』大治四年十二月十一日、二十日条

(35)『中右記』大治五年三月二十八日条

(36)『中右記』長承三年四月二十六日条

(37)『中右記』長承三年十月十四日条

(38)『中右記』保延二年十月四日条

(39) 応保二年(一一六二)八月日東大寺某院下文案、平安遺文三二二七

(40) 保元二年(一一五七)二月日伊賀国玉瀧荘司等解案、平安遺文二八七二

(41) 安元元年(一一七五)十二月日東大寺衆徒解案、平安遺文三七三二

(42) 註(30)追塩「東大寺覚樹について」参照。

(43)「東南院御前経蔵目録」(『真福寺善本叢刊』第一巻(第二期)真福寺古目録集二、臨川書店、二〇〇五年)

(44) 註(8)永村「「院家」の創設と発展」に指摘がある。

(45) 例外の弁暁も承安三年に三十六歳で維摩会講師を遂げるが、竪義は遂行していない。

(46) 隆助(近江守隆宗子)は、保延六年に法橋となっているが、これは仁和寺寛暁法印の譲であるという。仁和寺との関係は後述。

(47)『中右記』長承元年五月二十七日条

(48)『中右記』長承元年五月二十九日条

(49)『中右記』長承元年五月三十日条

(50)『中右記』長承元年六月二十八日条

(51)『東大寺のすべて』（奈良国立博物館図録、二〇〇二年）に写真が掲載されている。背面に「良弁」の陰刻があるという。奈良時代書写の『華厳経略疏刊定記』に「華厳供印」が推されているが（『奈良六大寺大観』東大寺に印文の写真がある）、現在の木造印とは異なる。

(52)ただ、鎌倉時代の史料であるが、華厳宗の学僧として知られた尊勝院の尊玄が、元久二年（一二〇五）の維摩会中に翌年の東大寺維摩会竪者名（弁修・華厳、明玄・三論）を法務から通告されている（元久二年十月十四日法務某沙汰状、堀池春峰『東大寺遺文』三）。さらに年次や背景は不明ながらも、尊玄が「寺家之後見」の立場で「供解文疏」を伝達している書状もみえる（権律師尊玄書状草案、堀池春峰『東大寺遺文』三）。尊玄の「寺家の後見」とは何か、どのような立場で供解文や維摩会人事に関わったのか、など後日を期したい。

(53)景雅については、拙稿「高麗続蔵経と中世日本―院政期の東アジア世界観」（『日本中世の仏教と東アジア』、塙書房、二〇〇八年）でも検討した。

(54)拙稿「高山寺旧蔵「究竟僧綱任」―解題・影印・翻刻」（『日本中世の仏教と東アジア』、塙書房、二〇〇八年）

(55)承安四年（一一七四）には華厳五教止観を書写（「東大寺花厳宗法橋上人位京雅」『華厳五教止観』奥書、東大寺貴重書一一一―四三）、同年、東大寺文書に「東大寺花厳宗法橋上人位」と署名し、「羂索院法橋」とも呼称（平安遺文三四五五）、翌年の東大寺文書には「法橋上人位景雅」と署名（平安遺文三六七四）。安元元年に、景雅が所持した義天録を明空が書写（「仁和寺大納言法橋景雅」）、寿永二年季御読経に請定（「法橋上人位景雅」『山槐記』）、寿永三年・元暦二年に「景雅、法橋、大納言」（『僧綱補任残欠』）とみえ、文治五年に東大寺で華厳論草を書写したのが最後の記事である（「仁和寺大納言法橋景雅」『華厳論草』奥書、東大寺貴重書一〇四―五）。

(56)大屋徳城「鎌倉時代の華厳研究」（『日本仏教史論攷』大屋徳城著作撰集五、国書刊行会、一九八九年）で紹介する『諸嗣宗脉図』による。

平安時代の東大寺における修験と浄土教
―聖宝と永観を中心に―

近本謙介

はじめに

平安時代の東大寺を考えるうえで、密教興隆と末法到来という状況を勘案したとき、どのような視点を設定することができるであろうか。この問題を考えるに当たって、それが後世にどのように継承されたか、またどのように位置づけられたかという観点も、東大寺史や仏教史を考えるうえで重要になってくると思われる。

多くの論点が用意されるべきなかで、前者については聖宝、後者については永観という東大寺東南院ゆかりの僧侶に焦点を当てつつ分析を加えてみたい。前者においては、密教の修験的要素との結びつきに聖宝がどのように関わり、その系譜の中で役割を担ったのか、後者においては、浄土信仰の展開のなかに永観がいかなる位置を占めたのかについて確認する。これらの問題は、院をはじめとする国家のうごきと連動する側面を濃厚に有しており、また後世にはさまざまなかたちでそれが記憶・記録されていき、さらには再評価や定義づけがなされていく様相が垣間見えてくるものと思われる。

一―(一) 聖宝と修験
―醍醐・金峯山史とのかかわり―

金峯山史をたどる際に、醍醐寺の草創と東大寺東南院草創の双方に関わった聖宝の記憶は[1]、記録と文芸に痕跡を刻み続けることとなる。当山派修験の祖としても仰がれる聖宝の記憶を、金峯山と南都を取り巻く修験の環境のなかに置くとき、どのような位置づけが可能となるであろうか。ここでは、その問題を金峯山史とのかかわりから諸史料に言及しつつ確認していく。

笠取山に登り醍醐水を得て醍醐寺の基礎を築いた山林修行僧としての聖宝の像は、金峯山入峯との関わりにおいても投影されている。聖宝の弟子観賢奏状の内容として記される延喜十三年（九一三）十月二十五日の「太政官符」に見える、

先師、昔振飛錫、遍遊名山。翠嵐吹衣、何巌不踏。白雲払首、

何岫不探。徒然則刪遁世長住之蹤、未応令法久住之地。適以貞観末、攀昇此峰。欣然如帰故郷、嘿爾思建精舎。採樹下草結成菴居、払石上苔安置尊像。

といった醍醐開山をめぐる山林抖藪の記述などは、後世に展開する聖宝像を胚胎するものである。

聖宝と金峯山との関わりを示す史料として、承平七年（九三七）成立『醍醐根本僧正略伝』の、

於金峯山建堂、并造居高六尺金色如意輪観音、并彩色一丈多門天、金剛蔵王菩薩像。於現光寺造弥勒丈六、并一丈地蔵菩薩像、金峯山要路吉野河辺設船、申置渡子傜丁六人。

といった記事があるが、聖宝の伝記史料の基本となる記録に見える金峯山との関わりを示す初期の聖宝伝が、奇瑞や霊験よりも、むしろ金峯山における堂塔整備や仏像の造立、要路の整備などといった、実務的な功績の叙述に重きを置いていることは注意される。聖宝初期の伝が、さらに、金峯山開創と現光寺（比蘇寺）の整備とを、すでに一体のものとしてかたる点も、後世の両所の結びつきを考えるにきわめて重要である。(2)

こうした聖宝と金峯山との結びつきは、後世『元亨釈書』聖宝伝が、

金峯之嶮径、役君之後、榛塞無行路。宝、援葛藟而踏開。自是苦行之者、相継不絶。

と綴るように、役行者の開創した信仰空間の再興者としての聖宝像へと展開していく。

新出「江記逸文」(3)においては、常住僧高算の法橋補任や阿闍梨補任についての問答が記されるが、こうした金峯山における僧侶の補任の問題においても、

興福寺為顕宗、又高算存生間是放解文、以後難知、而権僧正申云、此山聖宝僧正所調進也、若仁和寺人可放歟云々、如何、一者以常住僧長可補別当由所申請也、而依興福寺挙可補由、彼寺氏人等所執也、

のように、金峯山が聖宝によって調えられた場であることが記憶として持ち出されている。これは、金峯山別当の専横により支配を強める興福寺に対する常住僧側の論理としてあるものだが、同時に、興福寺の影響を弱めるために醍醐寺や東大寺東南院との関係を持ち出す記憶の再生としての意味合いをも有していた。そうした論理は、後世、東大寺が醍醐寺との相論において、「東大寺注進状」（鎌倉遺文二五七〇六）で、

本院僧正再通両界連峰之路、末代機末機、普結一陀羅尼之縁

のように本院僧正聖宝の記憶を持ち出すこととも連動するものである。

新出「江記逸文」は、院の参詣に扈従しそれを記録としてとどめる役割をも担う大江匡房によるものという点からも極めて重要な意

義を有している。

一-(二)　宇多法皇の金峯山御幸と聖宝

白河院の金峯山御幸に先立つものとして常に着目されるのは、藤原道長におけるそれであるが、宇多法皇の問題も顧みられるべきである。

その痕跡は、新出「江記逸文」にも刻まれている。

至常住別当条者、大為此山愁、凡置此寺別当本出自寛平天皇幸臨之時、彼時偏以常住僧所被補也、其後歴数代、山階別当真喜与本山僧有師資之縁、仍其門徒濫挙補也、

前節で取り上げた金峯山別当補任の問題について、ここでは、常住僧を補することの濫觴と正当性を宇多天皇御幸の際の故実に置き、後に本山僧と興福寺真喜との師資之縁により興福寺僧による横奪の途が開かれたと位置づけている。

宇多法皇による金峯山御幸に関しては、あまり資料に恵まれないが、『後撰和歌集』巻十九・一三六二番歌、

法皇、遠き所に山踏みしたまうて、京に帰りたまふに、旅宿りしたまうて、御供にさぶらふ道俗、歌よませ給けるに

僧正聖宝

人ごとに今日々々とのみ恋ひらる丶宮こ近くも成にける哉

に基づき、宇多法皇の金峯山参詣に聖宝が扈従した可能性が指摘されており、[4] 聖宝との結びつきも想定される。『扶桑略記』昌泰元年（八九八）十月二十四日条に、

進発過現光寺、礼仏捨錦。別当聖殊大法師、捧山果、煎香茶、以勧饗侍臣。上皇信仰、留宿於吉野郡院、

とあるように、宇多法皇の御幸が現光寺（比蘇寺）を拠点としてなされたことは、先に触れた『醍醐根本僧正略伝』の記述とともに重視すべきであり、堀池春峰氏前掲論文が、「比蘇寺は、役行者がいまだ吉野・大峯・熊野三山を開拓せぬ以前に、一時当寺に住し、蔵王権現を感得し、三山開拓の契機を得た処と伝え」と指摘する点をも併せ考えるならば、金峯山から大峯・熊野への修験信仰の展開を見晴るかす上で、根源的な意味を有した場であることが看取されるのである。

現光寺（比蘇寺）と聖徳太子伝承との結びつきも周知であり、聖宝がこの寺の整備に関わりを有すると記憶され記録されてきたことは、『東大寺要録』巻二が、

我三度誕生日本国。其名諱共有聖字。即聖徳太子。聖武天皇。聖宝僧正也。云々

と記す（真福寺蔵『東大寺記録』本縁標示事等にも引き継がれる）ような、「聖徳・聖武・聖宝」という、その名の連想に基づく聖宝の聖徳太子再誕説に、いまひとつの重みを加えることとなるであろう。金峯山と現光寺（比蘇寺）をめぐる聖宝との関わりは、東大寺

のいわば公的な「縁起」としても定位されていたのである。

一―㈢　大峯縁起の展開

金峯山から大峯に繋がる修験の場の歴史については、『醍醐寺縁起』が

　役行者修行之後、大峯在大蛇、斗藪中絶、尊師避除之、其後修験之道、如本興行矣、

のように役行者から聖宝への展開を綴り、『大峯縁起』（京大図書館）が、

　平地宿ニ聖宝僧正通リ玉フ時、有大蛇。僧正件ノ蛇ヲ脇挟ミ、縄ヲ付テ人ニ令玉フ引。僧正ハ重ク、大蛇ハ軽シ。

とするような聖宝の霊験伝承へも展開していく。

　新出「江記逸文」において、埋経の地を「役行者行道之跡云々」とし、白河院が「向蔵王方幷埋経之所、御礼拝七遍了」とする所作については、蔵王の前で役行者が行道する構図を念頭に置いたものとする川崎剛志氏の指摘がなされている[5]。新出「江記逸文」は、行の祖としての役行者と、信仰空間の整備に功のあった聖宝の記憶とを、存外的確に刻印しているのではなかろうか。

　後述の修験と南都の関わりを考える点からは、役行者にまつわる舎利が東大寺の塔に安置されたとする伝承、すなわち『役優婆塞事』（真福寺）の

　任記文、寿元舎利三粒取。三粒内一粒者、安置東大寺五重塔。

や、『大峯縁起』（京大図書館）の、

　行者御安置ノ舎利百六十粒、縁起相伝ノ人、任記文ニ取ル之事、寿元縁起相伝ノ後、彼舎利三粒取之。三粒之内一粒ハ、東大寺ノ七重ノ塔ニ安置シ畢ヌ。

といった言説にも注意を払う必要がある。

一―㈣　白河院金峯山御幸と聖宝の法累

　金峯山史を白河院御幸との関係から再確認する上で、聖宝の法累の問題も看過できない。

　寛治六年（一〇九二）七月の白河院の金峯山参詣の際の史料、「白河院金峯山詣願文」（『江都督納言願文集』巻二所収）における金峯山飛来説の典拠が『吏部王記』である点については、李育娟氏による指摘[6]とそれに基づく山崎誠氏の注釈[7]がある。『吏部王記』承平二年（九三二）二月十四日条はこれを、

　貞崇禅師述、金峯山神区之古老相伝云、昔漢土有金峯山。金剛蔵王菩薩住之。而彼山飛移滄海而来是間、金峯山則是彼山也。

のように、聖宝の高弟で醍醐寺座主となった貞崇の述べた内容として引き、鎌倉時代の説話集『古今著聞集』巻二釈教・四二は、貞崇の語る飛来説を『吏部王記』を出典として綴る。

貞崇が金峯山の辺りに居住したことは、『扶桑略記』天慶六年（九四三）の、

少僧都貞宗上表作者文時、右、貞崇去昌泰二十四謝東寺廿僧、依有本願籠金峯山之辺、結構一新草堂。三十余年更絶出山之思、一生之間欲遂臥雲之志。

からも確認され、聖宝とその法累が金峯山史に占めた意義は大きいものと見なされる。

後世の位置づけの観点からは、『古今著聞集』巻二釈教が、仏教伝来・聖徳太子による仏法興隆話を、太子の勧めによる当麻寺建立と、役行者練行の砌に伽藍の地を遷し、ゆかりの仏像を安置した説話と連接させる点も意義深く、数話を隔てて四一・四二話に聖宝・貞崇話が、さらに四五話には貞崇と火雷天神との問答話が続く体裁となっている。特に、四五話は『古今著聞集』巻一神祇・三話における醍醐天皇不予の際の勤行話と対をなして読まれるべきものであり、稲荷明神の託宣の要素を含むことは、修験における神仏習合史において、稲荷信仰と貞崇とが深く切り結ぶ点を語って示唆的である。そしてまた、『古今著聞集』が依拠したと思われる醍醐天皇の病気平癒の加持の際の貞崇と稲荷明神との接触を綴るのも『吏部王記』であった[8]。ここに『吏部王記』を淵源・典拠とする記憶と記録の再生の意義と、その展開の様相を窺うことができる。

一-(五) 白河院金峯山御幸をめぐる南都からの視点

寛治六年（一〇九二）七月の白河院金峯山御幸の史実は、聖宝の記憶のみならず、様々な角度から切り取られ、位置づけられていく。それを東大寺や興福寺といった南都の視点から確認すると、どのようなすがたが見えてくるであろうか。

新出「江記逸文」に、金峯山における興福寺と金峯山住僧の摩擦・軋轢が記され、白河院がそこに関与しようとしていた点については、ヘザー・ブレーア氏が説くところである[9]。金峯山は、永承四年（一〇四九）に興福寺僧円縁が検校に就いて以来、興福寺の末寺化が進み、『中右記』嘉保元年（一〇九四）三月六日条には、

金峯山者興福寺之末寺也。

との記事も見えているから、『中右記』の記事をわずか二年さかのぼった時点での白河院金峯山御幸が、そのような状況下に催行されたものであった点は考慮されなければならない。

白河院金峯山御幸は、興福寺の立場からもその記憶が記録されていくが、鎌倉時代末期延慶二年（一三〇九）成立の『春日権現験記絵』巻一第三話における、白河院金峯山御幸の際の春日大明神の託宣話は、興福寺の立場を濃厚に投影するものである[10]。

寛治六年七月、太上天皇白河院、金峯山に御幸ありけるに、御山にて俄に例ならぬ御けしきあり。人々色をうしなふ程に、龍顔逆鱗の気ありて、おほせらるるやう、「春日山の辺に侍おきななり。わざとの臨幸までこそなからめ、御路のたよりに、などか幽閑のすみかをもとぶらはせ給はぬ」と仰せられて、大納言師忠・中宮大夫雅実など候はれけるを御覧じまはして、「あ

はれ、ゆゆしくさかへ給つる源氏たちかな」とおほせ事ありければ、をのをの恐をなして、御前をたちさりにけり。さて御気色さめさせ給て、この事ふかく恥思食ければ、「路より還御あるべきか」などさたありけれども、ことさら御祈願のむねありて、すなはち春日社へ神馬をたてまつらる。又、左大弁匡房卿に仰て、御願書をかかせらる。大部大乗経をぐして当社へ御幸あるべきよし也。其後、御心神本にふくさせ給て、此たびの御願はたしとげられにけり。

他ならぬ金峯山上で院に直接憑依して語られる、春日社への参詣なく金峯山に詣でた院に対する不興の念を表明する春日大明神の託宣は、神の霊威が金峯山上にも及ぶことを端的に示しており、院の口を借りて語られる参詣儀礼を取り仕切る源姓の公卿たちへの不快の念が、藤氏の氏神としての立場を表明するものであることは明らかである。

新出「江記逸文」から窺える、金峯山における興福寺の影響力強化・浸透の動きと、それに向き合う白河院の立場を前提に考えると、本話の背景にあるのは、そうした院のうごきを牽制するかのごとき、春日大明神の神威を借りた興福寺側の態度であろう。

院の口を借りて告げられる託宣のありかたも、そのおおけなさと、承る者の畏怖の念を本話から読み取るに十分である。そしてまた、正気に戻ったのちに、自らの語った託宣の霊威に畏怖する院の描写は、金峯山をめぐる院と興福寺の微妙な力関係のせめぎ合いを暗示するかのごとくである。

白河院が大江匡房に仰せて、春日社に御幸あるべきことを「御願書」に書かせたとする点は、このたびの参詣に匡房が扈従していた実態をよく踏まえた上で霊験譚が構成されていることを窺わせ、同時に匡房の占めた役割の小さからぬ点も知らしめるものである。新出「江記逸文」において、院の意向を匡房が詳細に知り得る立場にあったことが示される点とも、霊験伝承の構造は呼応しているように思われる。

本話に続く『春日権現験記絵』巻二第一話では、託宣の結果としての寛治七年（一〇九三）三月の白河院春日社臨幸話を綴り、そこに記される康和年中の一切経の施入等も史実として確認される。[11]

さらに、巻二第二話には、永久年中に延暦寺が清水寺を焼き払った際、興福寺が僧兵を遣わして官兵と合戦に及ぶに至り、白河院の逆鱗にふれ南都追悼の沙汰があったときに、藤原顕季が白河院幼少時の伊勢神と春日神との契約による聖体守護の神託を語り、院が追討を思いとどまる話が記されている。

『春日権験記絵』巻一から巻二が、白河院金峯山御幸を興福寺の立場から意味づける意図を有することは明白である。白河院金峯山御幸の翌年寛治七年（一〇九三）十一月には、金峯山衆徒と興福寺大衆とのあいだに合戦が惹起しているから、新出「江記逸文」に記録される院の金峯山御幸と僧の補任とは、極めて緊張した環境下に執り行われたことがらであったのである。

当時の金峯山を取り巻く環境は、興福寺のみならず、寛治七年十二月に伊賀国名張郡の東大寺領をめぐる紛争（『東大寺成巻文書』四一巻）が起こるなど、東大寺との関係においても類似であった。[12]東大寺においては、『熊野権現金剛蔵王宝殿造功日記』（東大寺東南院旧蔵か）が『大峯縁起』を縁として両山の大造が成ったことを説

く点に、興福寺と東大寺との記憶の隔たりから川崎剛志氏が着目している。(13)

東大寺東南院より真福寺に伝来したと考えられる『類聚既験抄』には『春日権現験記絵』との類話関係にある説話が多数確認されるが、それらのうち「春日御利生方便事伊方卿書額事」には、

> 其後、白川院、吉野ヘ御幸アリ。東大寺ノ東南院ニ御一宿、春日ノ鳥居ヲ過給テ、吉野ノ宝塔許ニテ、俄御腰居サセ給テケリ。様々ニ奉祈請ケレハ、一人ノ殿上人ニ付給テ、御笠ノ山ノ翁ナリ。我カ前ヲ□《過》サセ給ツルカ、ウラヤマシクテ参タリ、ト被仰ケレハ、タチカヘリマイルヘシ、ト被仰ケレハ、御腰直給ケリ。
> 其後、越後国河口庄七千石ノ大庄ヲ寄附春日社壇㆒、長日一切経転読之㆒、為此料庄、

のように、『春日権現験記絵』巻一第三話から巻二第一話に相当する類話が見えている。(14)金峯山で院に託宣するのが憑依された一人の殿上人であったとする点などに異同も見られるが、ここに、東大寺東南院との結びつきのもとに金峯山御幸を位置づける言説が見えていることは注目される。白河院が金峯山御幸の際に、「東大寺東南院で御一宿なさった上で、春日社の鳥居を通り過ぎなさった」という物言いからは、東大寺・興福寺双方の南都の立場からの御幸の位置づけが窺われるが、ここで東大寺東南院との関わりへの言及が見えるのは、おそらく、先に引いた「東大寺注進状」に見えるような、平安期の修験をめぐる聖宝との縁を淵源とすることはおよそ認めても良いものと思われる。また、『春日権現験記絵』と類話関係にありながらも、東南院の要素が加えられる点に、院の金峯山御幸の位置づけをめぐる、南都における興福寺と東大寺との微妙な相違が生じている点も確認される。

白河院金峯山御幸は、修験と聖宝とのかかわりに始まる金峯山史をたどるさまざまな記録と文芸に記憶され展開していく。(15)その分析は、史実とその背景を併せ呑んだ極めて濃厚な信仰史の記憶を文芸史としてたどる営みとも言えるであろう。

二―(一)　永観への視座
―浄土教と遁世―

平安期の東大寺を考えるいまひとつの視点として、末法到来をめぐる浄土教と永観（一〇三三～一一一一）との関係を視座に据えて考察を進めることとする。永観が東大寺東南院で三論を学ぶと同時に、華厳・法相を修め、光明山寺に住したのち禅林寺に移ったことは広く知られている。その間、維摩会講師を経て権律師に任ぜられ、東大寺別当に就任するなどの学侶としての南都僧のすがたと、遁世先での浄土教への専心および『往生拾因』・『往生講式』をはじめとする述作というような多様な事蹟を併せ有しており、永観は、平安期の東大寺をめぐる環境を考えるうえで、さまざまな問題を提起する存在であると見なされる。ひいては平安期の浄土教と遁世との関係を考えるにあたっても重要な位置を占める永観の位置づけは、後世にも大きな影響を及ぼしていくものである。

永観は往生人として認識されていた。永観が志した往生の問題について、平安期に盛行した往生伝の世界が永観をどのように描いたのかと言う点から確認を始めたい。三善為康（一〇四九～一一三

九）の著した『拾遺往生伝』下・二六に記される「永観伝」は、ほぼ永観と同時期を生きた為康の記録として重要である。いまこの永観伝から記事を抄録して示すと、以下のようになる。

・長久四年（一〇四三）
十一歳で、禅林寺の法務大僧都深観（東大寺別当・東寺長者）のもとに仕える。
・康平七年（一〇六四）
法成寺の竪義を勤仕した後、公請に応じる。この年の内に光明山に蟄居し、四十歳を過ぎて禅林寺に戻り東南院に止宿。
・応徳三年（一〇八六）
五十四歳で維摩会の講師に招請されるが、念仏の妨げとなることを理由に辞す。法印慶信の諷諫によってたびたび公請に応じることとなる。
・承徳三年（一〇九九）
権律師を授かるが数日で辞退。
・康和二年（一一〇〇）[16]
東大寺別当に補せられ、再三辞退するも認められず。寺務に携わる間、土木の功を専らにし、大いに仏法を興隆する。寺中の旧老が語る建立三百年後に大仏が光を放つとの謂われに合致する。三年の後辞退し、ひたすら念仏を修して余生を送る。

いくたびか繰り返される公請と遁世の関係は、学侶の往生の問題を考えるうえで重要なテーマとなるが[17]、ここでは、『拾遺往生伝』に記される永観の東大寺別当就任をめぐる問題について、次節で取り上げることとする。

二-(二)　いにしえの東大寺復興事業

後世、永観がどのように位置づけられたかを示す説話史料から、考察を進めたい。

鴨長明の手になる鎌倉時代初めの説話集『発心集』巻二第二話「禅林寺永観律師の事」には、東大寺復興事業をめぐる永観と白河院をめぐる説話が記されている。

東大寺の別当のあきたりけるに、白河院、此の人をなし給ふ。聞く人、耳を驚かして、「よも、うけとらじ」と云ふ程に、思はずに、いなび申す事なかりけり。其の時、年来の弟子、つかはれし人なんど、我も我もと争ひて、東大寺の庄園を望みにけれども、一所も、人のかへりみにもせずして、皆、寺の修理の用途に寄せられたりける。みづから本寺に行き向ふ時には、異様なる馬に乗って、かしこにいるべき程の時料、小法師に持たせてぞ入りける。

かくしつつ、三年の内に修理事をはりて、則ち辞し申す。君、又とかくの仰せもなくて、異人をなされにけり。よくよく人の心を合はせたるしわざの様なりければ、時の人は、「寺の破れたる事を、此の人ならでは、心やすく沙汰すべき人も無し、とおぼしめして仰せ付けけるを、律師も心得給ひたりけるなめり」とぞ云ひける。深く罪を恐れける故に、年来、寺の事行ひけれど、寺物を露ばかりも自用の事なくてやみにけり。

禅林寺に隠棲中の永観が東大寺別当に就任したのは、『東大寺別当次第』によれば、康和二年（一一〇〇）五月二十一日、二年を経て康和四年には別当を辞して禅林寺に戻っており、本話はこの間の事情を説話として語るものである。本話の内容については、以下のような指摘がなされている。(18)

・永観の在任中に修理されたのは、七重塔・食堂・登廊・廻廊・楽門などである。

・東大寺別当の任期は、普通四年であったが、前々任の慶信は二十年、前任の経範は五年、後任の勝覚は十四年（『東大寺別当次第』）など、事務の長期にわたる者が多かった。

・永観の辞任後二年間、別当職は補われなかった。

東大寺別当在任中の永観が修造活動を成功裏に導いたことは史実としても確認されることであるが、永観の二年という別当在任期間が、前後に照らし合わせても異例であったことは注意されても良いであろう。本話は、そのような史実も背景としながら、清廉な遁世僧の別当就任と、任務を全うしての惜しげもない別当退任とを描いているのである。

それを白河院とこころをひとつにした営為であったとするする点に本話の眼目を窺うことができるが、その点については、次節の説話をも併せ考えるべきである。

著者鴨長明の問題に言及するならば、たとえば長明は、治承の法滅から南都復興の一連のうごきを京にあって観察していたものと思われるが、それについては著述に言及することはない。そのようななか、往生を深く心にかける遁世者蓮胤(19)が記しとどめたのは、目前にある東大寺復興事業ではなく、いにしえの清廉な遁世僧永観の別当就任によるそれであった。

『発心集』には、永観『往生拾因』・『往生講式』を典拠とする記述があるから、蓮胤が熱心な永観の信奉者であったことは確実である。そのような蓮胤が、東大寺復興にまつわる永観話を敢えて記しとどめようとする意識は、目前にあった南都復興事業のあり方と照らし合わせたときに、それが蓮胤の目にどのように映っていたかを窺わせるものともなるのである。

本話には、『古事談』巻三第六十四話に、東大寺別当に補せられた永観が、別当として拝堂に赴く際、清貧のすがたであったためにそれと相手が気づかず、永観自ら「此の乞丐人こそはそれよ」と称し、皆の尊崇・帰依を得たとする関連説話がある。永観の別当就任が、永観の清廉な側面から後世位置づけられていたことは、このような点からも窺うことができるであろう。

二-㈢　永観と白河院

白河院が、法勝寺の造営をはじめとする仏教興隆に熱心であったことは周知であるが、寺院造営をめぐる永観との関係を記す説話は、前節に取り上げた『発心集』巻二第二話以外に、次の『続古事談』巻一第十四話のようなものも残されている。

白河院、法勝寺つくらせ給て、禅林寺の永観律師に、「いかほどの功徳なるらん」と御尋ありければ、とばかり物も申さで、「罪にはよも候はじ」とぞ申されたりける。

この短編の説話の語るところは奥行きが深い。法勝寺という大規模造営の功徳を誇らしげに永観に問う白河院に対して、永観は「まさか罪には当たりますまい」と言ってのける。仏事作善に対する白河院の驕慢に対する諫言として、永観の端的なことばの突く次元は高いものである。「とばかり物も申さで」とする若干の時間の経過は、永観が院の驕慢をかぎ取る瞬時の判断と、諫言を率直に申し上げるべきか否かを同時に心に思い巡らせたわずかな時間を描出するものであろう。このようなきわどい諫言が通用するのは、さきの『発心集』説話に見られるような、相互の深い信頼関係が成り立っている場合のみかと思われる。その一端は、異本『発心集』巻二第二話が、永観の法勝寺供僧怠慢に対して、白河院が「永観が不法は、余人が如法には如かず」と語って不問に付したとする説話とも響き合うものである。これらは、後世の説話史料に記しとどめられるところであり、これを俄に史実と結びつける訳にはいかず、まして内面心理については資料的に確認できる類いのものではないが、存外後世の位置づけは的確なところを摑んでいるのかもしれない。

院政期の院による大規模な仏事作善は、白河院を継ぐ鳥羽院にも認められるが、鳥羽院のそれとして著名な得長寿院造営に関しては、延慶本『平家物語』に、鳥羽院の「清浄の御善根」に基づく功徳を賞賛する説話が残されている。覚一本『平家物語』では省略されてしまう物語冒頭近くの大きな異同は、本来ここに、院の作善の有する本質的・根源的意義を刻印しようとした、「平家物語」編者の構想の痕跡を窺うことができるのである。(20)

永観の時代に続く鳥羽院の時代は、凝然『律宗瓊鑑章』巻六に、

七大諸寺皆置律宗、後代漸廃、不及講談、(中略)至人王第七十四代鳥羽天皇御宇、其間律儀墜没不行。

とするように、律の荒廃した時代と認識されている。この時期に戒律の復興に勤しんだのは、中川実範(〜一一四四)であった。実範による戒律復興の継承と律の系譜は、「実範→蔵俊→覚憲→貞慶→戒如・覚真」と相承されていくので、南都仏教を考える上で重要な転換点をかたちづくるものと見なされる。

ここで注目しておきたいのは、実範が永観と同じく光明山寺に隠棲して浄土信仰に入りつつ、戒律復興を推進した点であり、院政期にあって東大寺東南院別所でもあった光明山寺の担った意義についてである。光明山寺は、永観のみならず覚樹・重誉等も遁世・隠棲した場であり、別所が担う意義と、そこで集成・書写される経典・聖教類の問題は極めて重要であると考えるが、この点については稿を改めたい。この問題は、実範の中川寺成身院創建の問題とも関わる点から、(21)永観の延長線上に考察を深めるべき課題である。

永観が光明山寺・禅林寺にあって『往生拾因』・『往生講式』等の浄土関係の著述を残しながら、東大寺別当として東大寺復興事業の責を果たし、実範が東大寺と南都における戒律復興のため『東大寺戒壇院受戒式』を著した院政期のうごきは、平安期から鎌倉期の末法到来のなかでの南都仏教史を双方につなぐ結節点であるように思われる。そこに見え隠れするのは遁世と結びつくあり方であり、それは確実に後世の貞慶の笠置寺への遁世の歩みなどともつながるものであった。

二―(四)　真福寺に伝存する東南院関連聖教と永観

真福寺宝生院文庫には、多くの東大寺東南院を中心とする南都関連聖教が伝存しており、本論でも言及した『類聚既験抄』もそうしたなかの一点である。その他『東大寺衆徒参詣伊勢大神宮記』・『東大寺記録』・『本朝諸社記』などをはじめとして、真福寺における南都関連聖教の中核をなすのは、東大寺から真福寺に移り、能信のあとを継いで真福寺第二世となる信瑜と、東大寺東南院聖珍法親王との附法および聖教書写・伝授の関係に基づくものである。

聖珍から信瑜への附法は貞治四年（一三六五）であり、信瑜は聖珍の意向を受けて、東南院聖教の書写活動に勤しみ、聖珍自筆本や「東南院家御本」を中心とする多くの聖教を書写している(22)。康暦三年（一三八一）の信瑜宛「東南院聖珍置文」によれば、「口決、重書分、此外秘密経以下」を悉く伝授されたというから、そこには信瑜に対する深い信頼が窺われる。この書写活動に、東南院主聖忠による根来寺頼瑜関係の真言聖教の書写と、頼心を中心とした東南院本書写事業を加えて、真福寺には擬似東南院とも称すべき章疏類のコレクションが備わることとなった(23)。

その目録として、『東南院御前聖教目録』が伝わる。この目録は、東大寺における三論・真言の本所でありながら、南北朝期に退転したかに見える東南院所蔵の章疏目録として、極めて重要な意義を有している。現在の真福寺に、残念ながらそのすべてを見いだすことはできないが、一部には貴重な典籍の伝存も確認されている。この目録は、詳細には二つの目録、すなわち

〔御前聖教目録〕計一七二部
〔東南院御前聖教目録〕計一〇五三部

の二つの目録から構成されている。その部数からも、往事の東南院の規模を窺うに足る章疏類の所蔵が目録上で認定できるわけである。書き留められる典籍類には、東南院聖珍までの東南院主の撰述本・御前聖教・手沢本などが含まれることも重要であるが、それらの中に「禅林寺永観」の典籍や、東大寺尊勝院宗性、興福寺菩提院蔵俊のものなども見えており、平安時代から鎌倉時代にかけての南都章疏類の宝庫としての全貌の威容が浮かび上がってくる。

たとえば、『法華論義並教迹義文集一巻禅林自筆』・『智袋三帖禅林永観』（ともに第十四所収）などからは、永観著述の章疏類が東南院経蔵に南北朝期まで伝えられていたことを知る。前者の識語を信頼するならば、それは禅林永観自筆本であったともいう。

本目録をめぐる研究は、東大寺殊に東南院史を考える上で慎重に進めていかなければならない課題であるが、その典籍の中に、平安時代の東大寺を考える上で重要な永観の著述も含まれており、東南院の担った役割のある意味でのタイムカプセルが目録上に示されているのである。

まとめにかえて

本論では、平安時代の東大寺を、密教興隆と末法到来という視点から考えるため、聖宝・永観という二人の東大寺東南院ゆかりの僧侶を取り上げつつ考察を加えてきた。

聖宝と修験の関係は、東大寺の立場と醍醐寺の立場という双方から再評価・位置づけが繰り返されていくが、そのなかで白河院金峯山御幸の担った役割が大きかったことが浮かび上がってきた。それはまた、興福寺による金峯山支配という南都をめぐるいまひとつのファクターをも織り込みながら、後世の諸々の記録・文芸の中に記憶の刷り込み・転換が行われていく。

永観を学侶と遁世僧の視点から捉えたときに窺われるのは、白河院との関係に象徴される、院政期を領導する院による国家的宗教施策の転換点と切り結ぶ東大寺僧のすがたであった。そこから仄見えてくるのは、永観の場合であれば東大寺別当就任という僧綱と公請をめぐる制約と、遁世による別所における活動とのせめぎ合いである。この問題は、実範・貞慶をはじめとする後継の僧侶たちにも引き継がれていき、彼らが南都における教学や著述を担う役割を担ったことを思えば、永観の位置づけは再評価されるべき問題を内包しているように思われる。

そしてまた、聖宝・永観の事蹟は、東大寺東南院史としても捉え直されるべき意義を有するであろう。密教興隆と末法到来に揺れる平安期の東大寺にあって、これら篤実な東大寺僧の残した事蹟は確実に後世に引き継がれ、記録と記憶にとどめられていったのである。

もとより、本論の描き出したのは東大寺東南院史のほんの一隅に過ぎない。

（ちかもと　けんすけ・筑波大学人文社会系准教授）

註

（1）伝記と事蹟に関する研究は、佐伯有清『聖宝』（人物叢書　吉川弘文館刊）に詳しい。聖宝（八三二〜九〇九）は、貞観十六年（八七四）笠取山に登って醍醐水を得て草庵を結び、上醍醐の基礎を造った。延喜十三年（九一三）には、聖宝の法弟観賢が初代醍醐寺座主となっている。東大寺別当道義が香積寺を東大寺南大門脇に移して東南院と号し、聖宝はここに止住して東大寺における三論・真言の本所としたことから、醍醐寺・東大寺東南院双方の開基として重要な位置を占める。また、金峯山に登り山岳修行を行い、当山派修験の祖と見なされている。

（2）堀池春峰「比蘇寺私考」、『南都仏教史の研究　下　諸寺篇』（一九七二年　法藏館刊）所収。

（3）宮内庁書陵部蔵「御造仏並宸筆御経供養部類記」所収。ヘザー・ブレーア氏による翻刻と説話文学会例会を基にした論考が、『説話文学研究』（第四十九号　二〇一四年十月）に掲載される。

（4）前掲註(1)佐伯有清『聖宝』。

（5）前掲註(3)所収、川崎剛志「金峯山の埋経と役行者の行道」論考。

（6）「金峯山飛来説と大江匡房」（『国語国文』七七―二　二〇〇八年二月）。

（7）『江都督納言願文集注解』（二〇一〇年　塙書房刊）

（8）前掲註(2)所収、堀池春峰「修験道と吉野」参照。

（9）前掲註(3)所収、ヘザー・ブレーア「新出「江記逸文」紹介―白河院の寛治六年金峯詣をめぐって」。

（10）『春日権現験記絵　注解』（二〇〇五年　和泉書院刊）の当該話注釈に興福寺による金峯山末寺化に関する指摘がある。本話は、『春日権現験記抄』（神奈川県立金沢文庫）にも類話がある。

（11）康和二年（一一〇〇）七月六日。堀池春峰「平安時代の一切経書写と法隆寺一切経」（『南都仏教史の研究』下〈諸寺篇〉所収）参照。『中右記目録』は、同年正月十五日のこととする。

（12）堀池春峰「修験道と吉野」（『南都仏教史の研究』下〈諸寺篇〉所収）。

（13）前掲註(5)に同じ。

（14）真福寺善本叢刊４〈第二期〉『中世唱導資料集二』（二〇〇八年　臨川書店刊）所収『類聚既験抄』解題（阿部泰郎）参照。

（15）永村眞「中世東大寺の形成過程」（『中世東大寺の組織と経営』所収　一九八九年　塙書房刊）、馬耀「大江匡房が描いた神仙境―金峯山関係資料を中心に―」（『説話』第十一号　説話研究会　二〇一一年六月）、関口真紀子氏『修験道教団成立史』（二〇〇九年　勉誠出版刊）等は、本章の全編にわたって参照した。

(16)『拾遺往生伝』は、これ以前の記事を引き継いで「同四年」（承徳四年）と記すが、改元に関して誤認がある。

(17) この問題の一端については、近本「遁世と兼学・兼修―無住における汎宗派的思考をめぐって―」（長母寺開山無住和尚七百年遠諱記念論集刊行会編『無住　研究と資料』所収　〈二〇一一年　あるむ刊〉）参照。

(18) 新潮日本古典集成『方丈記　発心集』（三木紀人校注）頭注。

(19) 出家後の鴨長明。『方丈記』や『発心集』は、あくまでも出家者蓮胤として著述している。

(20) この問題と南都復興のかたりとの関係については、近本「南都復興と治承がたり」（『軍記と語り物』第四十三号　二〇〇七年三月）参照。

(21) 堀池春峰「大和・中川寺の構成と実範」（『南都仏教史の研究』〈遺芳篇〉所収　二〇〇四年　法藏館刊）。

(22) この書写活動が特に際立っているのは、貞治五年（一三六六）～貞治六年（一三六七）である。

(23) 詳細については、真福寺善本叢刊1〈第二期〉『真福寺古目録集二』（二〇〇五年　臨川書店刊）所収『東南院御前聖教目録』解題（近本謙介）参照。

主な引用文献

「太政官符」（続群書類従・醍醐寺要書）『醍醐根本僧正略伝』（続群書類従）『元亨釈書』（新訂増補国史大系）新出「江記逸文」（宮内庁書陵部蔵本写真版・『説話文学研究』第四十九号を参照した）『後撰和歌集』（新日本古典文学大系）『扶桑略記』（新訂増補国史大系）『東大寺要録』（国書刊行会）『吏部王記』（史料纂集）『春日権現験記絵』（『春日権現験記絵注解』）『類聚既験抄』（真福寺善本叢刊）『発心集』（新潮日本古典集成）『続古事談』（新日本古典文学大系）『律宗瓊鑑章』（大日本仏教全書）

＊引用に当たり、表記・用字の改編を行った部分、句読点を私に施した部分等がある。

平安時代の華厳宗における新羅仏教思想の役割

金天鶴

一　はじめに

平安時代の仏教は、奈良から京都に中心が変わっていく時代の仏教である。特に天台法華宗と真言宗の勢力が伸びて行く。思想の側面からみると、平安初期における仏性論争などが激しく行われ、さらに各宗派の教学的立場が完成する時期である。なお、十世紀は私記の時代と呼ばれるほど、日本独特の教学研究が盛んになっていく。ここで思想的に注目すべきは、最澄と徳一とに端を発する仏性論争である。これは周知の通り、二乗声聞や無性衆生の成仏を認める天台法華の最澄とそれに反対する法相宗の徳一の論争であり、すべての人間に対して成仏の可能性を認める霊潤などの旧唯識学者とそれを否定する玄奘門下の新唯識学者との間に長く行われた論争の日本版である。この仏性論争に直接加わっていないが、空海は即身成仏を強く主張している。よって、平安初期は人間の成仏を介して思想的に躍進したと評価しうる。

本稿のテーマとなる平安時代の華厳宗においても私記が多数著される。主に法蔵の『五教章』、『探玄記』に関連する私記であるが、これを見る限り、日本の華厳宗において中国華厳学を正しく理解するため邁進したと読み取れる。そうした努力によって、華厳教学は、鎌倉及び江戸時代に至ると、真言宗、天台宗、融通念仏宗などに波及している。なお、華厳宗も日本の他の宗派の教学を受け入れながら、宗派独自の思想体系を完成していく。ところで、日本華厳宗が独自の思想体系を形成していく中で、新羅仏教、特に華厳思想の役割を抜きにしては語れない。本稿はこうした視座より平安時代における新羅仏教思想の役割に焦点をおき、その内容について検討することを目的とする。

平安時代と新羅仏教関連の研究は崔鈆植氏により本格的に試みがあった。(1) 氏は奈良時代より平安時代に至るまで新羅文献が引用される事例を示し、とりわけ、平安時代に新羅文献が入るのは新羅見登によるものであると指摘されている。その一つが『華厳経問答』(以下、『華厳問答』)の将来であり、二つは珍宗文献の将来である。

それによって、平安時代の私記類に新羅義相系の文献が引用され始めたとする。なお、金天鶴は二〇〇四年以降、氏が提示した奈良時代の文献と平安時代の私記類について、新羅における新羅仏教の位置づけを念頭に入れながら具体的に検討している。[2] その結果、『香象問答』を法蔵の文献と理解していた『華厳十玄義私記』では、法蔵の意図を理解するため、『法界図』を引用しながら法蔵と義相の思想を同一化する意図を指摘し、また珍崇の『孔目章記』の引用を分析しながらも新羅系の文献と法蔵の同一化を図ったとみている。[3]

本稿は、以上のような研究を踏まえて、より広くかつ思想的に掘り下げて平安時代華厳宗にみえる新羅仏教思想の役割について検討したい。前述したように、平安時代において成仏論は重要論題になっていたが、そのテーマを中心に据えながら、以下、㈠義相の『法界図』の役割、㈡義相系統の華厳思想の役割、㈢元暁著述の役割に分けて検討してみたい。

二　新羅仏教の役割について

㈠　義相『法界図』の役割

義相の『法界図』は偈と註とに構成されている。その中、偈は七字三十句（二一〇字）となり、これに註を付けているものである。すでに高麗時代から偈は智儼のもので、註は義相のものというなどの異見があり、日本にもそのような異見が存し、それを受けて現代に作者の問題が取り沙汰されていたこともある。[4] 本稿では偈と註の両方を義相のものと看做している高麗時代の華厳僧均如の立場にそって議論する。

『法界図』は奈良時代古文書フルテキストデータベース（東京大学史料編纂所）を検索すれば七四四年に初見され、七六八年まで十四回ほど筆写のため記載されている。そこには著者名はまったくない。その中に一回は〝大乗法界図〟、他は〝一乗法界図〟となっている。しかし、奈良時代お仏教文献に義相の『法界図』が引用された例はみあたらない。『法界図』の内容は『華厳十玄義私記』に三回引用されているが、これが日本の文献では現在確認されているもっとも早い事例となる。『十玄義私記』は作者不詳の平安時代の私記で、『五教章』義理分斉「十玄縁起」に対する註釈文献である。

その中に一回は表員の『華厳経要決問答』よりの孫引きして『法界図』の文章を出しているが、直接引用するような形となっている。[5] それは数銭法が説かれた理由について、義相の『法界図』より〝縁起の実相としての陀羅尼を示すため〟とする箇所である。この箇所には、義相と供に法蔵、元暁も『要決問答』より孫引きされており、三師に対して同等に評価していることが言える。なお、実際に数銭法が説かれる個所では義相の説となる〝向上来、向下去〟の説明を引用し、この義相の主張に関して、法蔵の説とともに成立可能であると述べている。[6] これも義相と法蔵とを同一化する意識といえる。

次は、『法界図』の旧来成仏に関する解釈である。これに関して既に取り上げているが、[7] ここでは一層踏み込んだ解釈を加えたい。

睡眠者、是煩悩。法界圖云　舊來成佛者、但是一無我報心。隨睡縁故、作種々事耳　云云　准之知也。

（睡眠とは、煩悩である。『法界図』にいう〝旧来成仏〟とは、但し、これは一つの〝無我の報心〟であり、睡眠という条件に随い、種々のものを作るのみであると云々。考えてみたら分かるだろう）

この引用文によると、『法界図』より〝云々〟までの文章を引用する形にも読み取れるが、〝但し〟の下は、『華厳問答』よりの趣意と見られる。ここでは旧来成仏が無我の報心と同定されているが、無我の報心とは義相の系統の独特な用語である。[8]

まず、その用語は以下の慧遠の著述より援用された合成語であると考えられる。『大乗義章』「四無量義」の第六門修得之義で観法の深浅を論じる際に、

六観衆生体。是真実集用五陰。如夜所見、皆報心作、如波水作。亦如有人見、繩為蛇。蛇是繩作、五陰如是無我無人（T四四、六九〇ａ）

（六、衆生の体に関して言えば、これは真実の集用にして、五つの集合体と観察することである。夜中にみえるものが、すべて報心によって作られたことと同様である。また、海より波が生じることと同様である。また、人が綱をみて蛇と間違えることと同様で、ここので蛇とは綱によって作られたものである。五つの集合体とは、このように無我であり、主体的な人間というものがないのである）

といい、『問答』でいう無我報心という概念は、『大乗義章』よりお作られたと推測される。なお、『大乗義章』では報心を真心と同一されるが、[9]他に「仏性義」、八識義でも同様である。[10]『問答』の意味を要点だけまとめると、この無我の報心とは、何かを作り出す心である。この用語は『問答』の他に義相系の『法界図記叢髄録』に三世の根源の意味とし一回見えるのみであるが、そこでは一心、一念心と同定されているので、[11]『華厳問答』の意味合いとさほど変わらないと考えられる。

しかし、無我の報心と『法界図』の旧来成仏とが果たして義相の思想構造の中で一致するかどうかは疑問である。[12]それはあくまでも『十玄義私記』の著者が、『華厳問答』の著者となる法蔵と、義相の思想を意識的に同一化させようとした結果である。[13]

義相の『法界図』は、親円の『華厳種性義抄』（一〇一九作）に「海印三昧論」として引かれている。「海印三昧論」は明晶の作であるが、親円が実際に引用したのは『法界図』の偈よりであり、法蔵の『旨帰』と共に円教の成仏に関する証文として用いられる。

『種性義抄』における円教の成仏論とは、六位重条（＝牒）成仏（＝理事円融成仏）、即身成仏、草木成仏などがあげられる。[14]その中、義相の『法界図』をもって六位重条（＝牒）成仏を積極的に証明している。六位重条（＝牒）成仏とは、親円によると、六相という方便門によって六位が重なり合うことを指し、三大僧祇に亘る修行の後、初発心位に至り円満となり、分段身のままで仏となることである。これは事成仏（次第行布門）と理成仏（円融相摂門）が合わさった理事円融成仏でもある。[15]こうした二門（次第行布門、円融相摂門）による成仏の証文として、『法界図』の偈頌「無量遠劫即一念、一念即是無量劫、九世十世互相即、仍不雑亂隔別成」が提示される。続いて『旨帰』より「処夢謂経年、寤乃須臾頃、故時雖無量摂在一刹那」文が証文として提示される。[16]ここでも義相と法蔵が同等にな

って、二人の説が円教成仏論を支えているのがわかる。

(二) 義相系統の華厳思想の役割

一 『華厳経問答』の役割

先に述べたように『華厳問答』は見登の『成仏妙義』に初見され、『香象問答』の名で引用される。以後、『華厳問答』の名は、九一四年、円超によって編集された『華厳宗章疏幷因明録』に「華厳問答二巻　法蔵述」と見えるのが初見である。また、『十玄義私記』や『華厳一乗義私記』には「香象問答」の名で引用されるが、聖詮の『華厳五教章深意鈔』より殆ど『華厳問答』という名を用いる。

特に『華厳問答』の将来によって、日本華厳宗が変化していく。従来『華厳問答』は法蔵のものとされていたが、今は義相の講義録と認められている。平安時代に真偽議論が始まって以来、凝然は『華厳問答』に対して「後人の仮託」（T七二、三三三c）説を出しているなど、続けて疑問視されてきたが、法蔵の著作として大正大蔵経に収録されている。一九九六年に義相系統の文献（『法界図記叢髄録』や均如の著作）に引用されている新羅文献の幾つかの逸文と『華厳問答』の中身が殆ど一致する例が発表され、それを受けて、すべての逸文を収集して、『華厳問答』と比較検討した結果、逸文の殆どが『華厳問答』と一致することが判明した。そして、その内容の検討などを通じて、『華厳問答』は義相系統の文献であることが確実になったのである。[17]

『華厳問答』において真偽が問われるきっかけとなった最も大きな問題は、三乗の廻心説である。この問題については、既に幾つかの論稿が発表されているので、詳しい内容はそれらの研究に譲るが、[18]そうした問題にもかかわらず、『華厳問答』は日本華厳宗で重要視されてきた。その理由として、縁起と性起に対して他に例をみないほど深く考察を加わっていることが挙げられている。[19]なお、三乗廻心の問題はつきつめば成仏の問題となるが、平安時代より江戸時代までの華厳文献に引用されている六十八箇所ほどの『華厳問答』の文などを分類した結果、成仏に関連する引用文が三十八件で半分を超えていることがわかった。[20]それよりみると、『華厳問答』は日本華厳の成仏論の解釈において重視されたこともあげられる。それは、法蔵の権威を借りたことに理由を見出せる。

『華厳問答』の中に法蔵の文献には見慣れない、〝拜自体仏〟〝今吾身〟〝五尺〟などの義相系統の用語が多く使われているが、こうして法蔵とはかなり異なる思想を孕んでいる言葉に対しては『十玄義私記』一例を除いて引用の例が見受けられない。

『十玄義私記』に「香象問答」の名称で三回ほど『華厳問答』が引かれている。[21]その中、普法の理と事について述べる文章を引いている。そして「香象問答」の名で『華厳問答』を引用することから判るように、『華厳問答』を法蔵の著作として認識していた。また、それを引用したのは法蔵の意図をより理解するためである。『問答』には義相系統の独特な概念である〝五尺〟という言葉が使われるが、『十玄義私記』にその引用が確認されるが、義相系統の中で思想的に確立されたほどの深い意味を持たない。[22]但し、普法の理と事について、三乗の理と事の立場を加えて、普法と比較しながら、『華厳問答』の意図を詳しく説明するのが特徴といえる。例えば『十玄義私記』の中では、方便とは共教三乗、正観とは一乗とみ、三乗の五尺とは、長短、方円などを意味しているので、五尺を事、この無碍の意味を理とする述べている。[23]『十玄義私記』では『華厳問答』を引用して説明する際に、一乗が成立する原理として〝一真如理〟という概念を用いるが、これは他の文献には見受けられない『十玄義私記』独自的な解釈である。[24]これも法蔵をより明確に理解するため取り入れたが、当時一乗義の確立が各宗派によって行われたことと軌を共にするものとみられる。

なお、『種性義抄』には、〝一人修行成仏時、一切有情悉成仏〟に関する議論がある。この〝一人修行〟の句は『華厳問答』で初めて使われる。また、〝一人修行〟と〝一切衆生の修行〟の関係を論じる発想も『華厳問答』より端を発する議論である。[25]後に明恵は、『華厳問答』のように、一人が修行し煩悩を断じる時に、一切有情が煩悩を断じるのを総門、その人に限って煩悩が全てなくなるのを別門と読んでいるが、[26]明らかに『華厳問答』の影響である。こうした事情から考えると、『種性義抄』が『華厳問答』を読んでいるか、あるいは『華厳問答』より端を発した議論を知っていたかどちかであり、『華厳問答』との関連は否定できない。

以上のように『華厳問答』は、法蔵の著作とされ、日本の華厳宗にもっとも多く引用される新羅義相系統の文献である。教判的に法蔵の文献とやや異なり、三乗廻心に対する解釈、そして成仏論に関して引用されるが、『十玄義私記』より読み取れる法蔵と義相の同一化を念頭に入れると、日本華厳宗に肯定的に受けいられ、日本華厳思相の多様化かつ独自の展開に充分な役割を果たしたと考えられる。

二　珍嵩の『孔目章記』の役割

珍嵩は新羅の華厳僧として、八世紀中葉には活躍していたと考えられる。目録等によると、『華厳孔目章記』六巻、『一乗法界図記』一巻、『探玄記私記』が知られているのみであったが、逸文収集の結果、[27]彼の思想の一部が確認されることとなった。[28]

これは『十玄義私記』に「新羅記」「青丘記」として長文に亘って引用されている。その内容は、『孔目章』巻一「天王讃仏説偈初首顕教分斉義」に対する註釈であり、特に円教位の見聞処と円教処に関する、五教と『楞伽経』の四種言説とに関する『孔目章記』の説が受容されている。前者が教判の立場であれば、後者は五教の根源を探るにあたって注目すべき説である。なお、『楞伽経』の四種言説は『釈摩訶衍論』とも関連している。[29]『楞伽経』の四種言説とは相言説、夢言説、計着過悪言説、無始妄想言説をいうが、『青丘記』の五教と四種言説の関係をみると図1のようになる。

以上のように四種言説の中、三種のみ五教に当てはめることができ、円教と頓教は対応していない。また、計着過悪言説は外道説として述べられている。それで四種であるので、五教と対応していないと問われて、これに対して『金剛三昧経』の色言説が五番目の円教に該当すると答えるが、その理由は次のようである。

その『経』に仏の曰く〝我が説いているものは義言であり、文語ではない。衆生の説いているものは文語であり、義語でなく、全て空無〟などと。釈して言えば、仏の言は義の言と同じであるので、如義言説というのである。(十玄義私記上八六―ウ)

(所以其経仏言、我説者、義言非文。衆生説、文語非義語者、皆悉空無等、云云。釈云、仏言、如於義之言故、云如義言説也)

図1　『青丘記』説五教と四種言説の関係

五教（『青丘記』）	『孔目章』（T45・537a）	四種言説	備考
有名教	有名之教詮有名之義	相言説	小乗
有名教詮有名義 有名教詮無名義	有名之教詮有名之義 有名之教詮無名之義	夢言説	初教
上三言説合	有名之教目有名之義 有名之教目無名之義 無名之教目無名之義	無始妄想言説	熟教
	無名之教顕無名之義		頓教
色言説（如義言説）	有名之教説有名之義 無名之教顕無名之義 有名之教顕有名之義 有名之教顕無名之義 無名之教顕無名之義	典拠『金剛三昧経』 『釈摩訶衍論』	円教位中見聞処 円教処
		計着過悪言説	外道説

経文は『金剛三昧経』であるが、〝如義言説〟は『釈摩訶衍論』の句である。このように、『青丘記』では五教目の証文に『金剛三昧経』を用いながら、解釈上には『釈摩訶衍論』を取り入れたことがわかる。このように『十玄義私記』では華厳教判の根源を探るため、義相学派の文献を積極的にい取り入れたことがわかり、そこには義相学派の文献と法蔵及び智儼文献の同一化が内在されている。

三　見登の『成仏妙義』の役割

新羅の見登の『華厳一乗成仏妙義』が著されたのは、日本において成仏に関する議論が盛んであった正にその時期である。『成仏妙義』は法蔵の『探玄記』にある三種の成仏（理成仏、行成仏、位成仏）に基づいて華厳宗の成仏理論を展開する文献である。見登の活動年代は不詳である。道雄の入寂（八五一年）より遠くない時期に完成したとされる『華厳宗五教十宗大意略抄』には、新羅表員（七四〇—五〇年代活動）の次なる菩薩として見登の名が連なっていることは周知の通りである。彼の『成仏妙義』に寿霊の『五教章指事』が引かれていることが、著者の見登が新羅出身で日本で活動したと推定される理由となっている。こうした事情によって見登の活動年代は九世紀初めまで下がらないと考えられる。

『成仏妙義』には『香象問答』が初めて引用されるので、日本華厳宗において見登の重要性が理解できるだろう。また、『成仏妙義』には、平安時代から引用されている義相や『新羅記』、『青丘記』の引用が初見される。『成仏妙義』では仏性と如来蔵を種性と理解して、成仏論を展開するが、こうして成仏論を種性義を通じて理解する例は『種性義抄』より確認できる。そこでは種性論の意義について明確に成仏不成仏を論ずることにあると述べている。[30]そして『成仏妙義』と同様に『五教章』に引用されている『宝性論』を孫引きして無性を主張するのは外道と規定している。[31]このような点を鑑みると、『種性義抄』に『成仏妙義』が引用されていないが、読んだ可能性は高い。このように、見登は平安時代の華厳宗に義相や義相系統の思想を受け入れさせた影の貢献者である。

㈢　元暁著述の役割

元暁の著述は百部程度あり、その著述の日本への流通に関しては既に詳しく研究がなされている。[32]特に奈良時代には華厳講師を務めた審詳や智憬、そして『五教章指事』を著した寿霊によって重んじられたことは周知の通りである。例えば智憬は元暁の『無量寿経宗要』に対する「私記」を著し、寿霊の『五教章指事』には七文献二十二箇所の引用が確認されている。こうした引用は法蔵に比較にならないほどであるが、特に一乗義や十仏を六相を持って説明する際に、権威を得ている。[33] とは言っても、平安時代に入ると華厳文献において元暁の引用は孫引きを含め四回ほどしか見当たらない。[34] しかし、その中でも『華厳種性義抄』においては一闡提や二乗成仏の問題において最も重要視されている。

『種性義抄』は、法蔵の『五教章』「所詮差別」の中、第二の種性差別（仏となる資質の解明）に対する註釈である。この資質の解明は仏教の窮極の目的に到達できるかどうかを聞く章といえる。法相宗では伝統的に五姓各別を基本教学としているが、旧唯識を始め、天台宗、華厳宗などでは、一切が皆な成仏できると主張している。『種性義抄』も当然後者の立場である。

しかし、華厳宗において五姓各別説を全面的に否定するのではない。高麗時代の均如は、法蔵の五性建立は縦（竪判）であり、法相宗の五性建立は横（横判）であると解釈している。[35] 縦というのは上昇可能な仕組みであり、横というのはそれが不可能な構造である。これは法蔵の始教理解に対する適切な解釈である。なお、常盤大定によって法蔵は法相宗の横列の五性を、縦列の五性と変えていると評価されているので、[36] 均如と似ている評価をしていることがわかる。『五教章』の始教段が法相宗そのものとやや異なるとするのは、[37] こうした華厳宗の法相教学に対する立場より理解できる。法蔵は修行すれば成仏するし、そうしないと一闡提となると解釈し、習い修めることによって五性が決まると言っている。これは師智儼を継承した考えであり、『種性義抄』もこれを見極めて論を進めている。特に親円の『種性義抄』では『五教章』に種性義が説かれた理由について、成仏と不成仏を説くためだと理解しているほど、成仏の問題に詮索している。

『種性義抄』では、一切衆生が全て仏性を持っているを証明するため、元暁の『涅槃宗要』における、仏性解釈の一部を引用している。それは『涅槃経』「迦葉菩薩品」にある次の句に対する解釈である。

> 善男子。或有佛性一闡提有、善根人無。或有佛性善根人有、一闡提無。或有佛性二人倶有。或有佛性二人倶無
> （善男子よ。一闡提にあって、善根の人にないという仏性もある。善根の人にあって、一闡提にないという仏性もある。いずれにもあるという仏性もある。いずれにもないという仏性もある）[38]

ここでは、四種類の仏性が説かれていることが分かるが、既に指摘されているようにこの前後の文脈からみて、一闡提の仏性の有無、ひいては存在者一般の仏性の有無を固定的に捉えてはならないと説示することである。[39]『種性義抄』では元暁を「華厳宗（自宗）」の思想家として認識し、元暁が上の経文に対して展開していた「凡夫の位」の立場よりなされた四つの解釈の中、第一の解釈をほぼ趣意しているが、大体元暁より仏性に重みが置かれている。次の問答においては元暁の第二の解釈の中、報仏の因にしぼって議論し、一闡提に仏性が存する理由を明らかにしている。しかし、元暁が第三番目の句で徹底している菩薩の利他の観点が欠いている。[40] それは、その

後の『種性義抄』の問答から窺える。『種性義抄』の種性を説く意図を読み取るため、その関連問答を引用する。

問。不善法、是煩悩悪業因。令衆生迷乱於生死荊嶽、而何云報仏大菩提因耶。

答。実在因位時、名煩悩悪業等。而三阿僧祇間修行万行諸波羅蜜、百大劫程円満功徳智慧、転八識心王得四智心品、変三毒煩悩顕三身行時、還観煩悩悪業幷無非報仏正因。故仁王経云。菩薩未成仏時、以菩提為煩悩。菩薩成仏時、以煩悩為菩提。云云。

（問う。不善法とは煩悩悪業の因であり、衆生をして生死の荊嶽にみだりにとまどうようにする。どうして、それが報仏大菩提の因となるだろうか。

答える。実に因位の中で存在している時には煩悩悪業などという。しかし、三阿僧祇の間に萬行として諸波羅蜜の修行と、さらに百大劫程の期間を修行し続ける間に功徳の智慧が円満となり、八識の心王を転じて四智心品を得、三毒の煩悩を変え三身の行いを顕す時に、即ち煩悩悪業を観じて、並びに報仏の正因でないことがない。たがら、『仁王経』に〝菩薩が成仏していない時は菩提を煩悩と見做し、菩薩が成仏してこそ、煩悩が菩提となる〟などといった。）

これをみると、長い修行によって、すべてが成仏することが説かれている。しかし、これはあくまでも自力の成仏である。修行の重要性が説かれてはいるが、『種性義抄』には元暁の利他の観点からの解釈に迫っていなかったといえるだろう。

もう一つは、『華厳宗立教義』において元暁の『起信論疏』を引用したことがあげられる。『立教義』は『五教章』「第三古今立教」の十家の説に対して註釈し、最後に華厳宗の立教義を説いている。ここでは問答の数からわかるが、十家に六十三問答が設けられている中、二十二問答が一音教に関して施されているほど、かなり重点をおいて説明されている。ここでは一音と円音の関係について問答を一つ立てるが、それは法蔵が一音教段の最後に〝もしも多くの教えの根本を究明すれば、如来の唯一完全な教え（円音）にほかならない[41]〟といったこと受けての問答である。その証文として元暁の『起信論疏』が私記の著者の観点により趣意され長文に亘って次のように引用されている。

就仏言之。無音是一。約機論之。衆音非一。良由一時一会異類等解。各得一音。不聞余声。故名一音。音遍十方。随機熟処無所不聞。故名円音者　初釈

就仏言之。実有色声。其音円満。無所不遍。都無宮商之異。何有平上之殊。無異曲故名為一音。無不遍故説為円音者　第二釈。

如来実有衆多音声。一切所有言音。莫非如來法輪声摂。但此仏音無障無碍。一即一切。一切即一。一切即一。故名一音。一即一切。故名円音　云々　第三釈

（仏に就いて言えば、無音で一つであるが、もし機にしぼって論ずれば、衆音であるので一つでない。本当に一時一会の中にいる異類が同じく解することによって各々一音を得、他の声が聞こえないので一音となづけ、音が十方に遍く、機の熟に従って聞こえない処がない。よって円音と名づける。初釈

仏に就いて言えば。実に色と声があって、その音は円満であり、至らないところがなく、まったく宮と商の異がない。どうして平と上の殊があるのか。異なる曲調がないので一音となづけ、至らなくないことがないので円音と名づける。第二釈。如来には実は多くの音声があり、一切の持っている言音が如来の法輪による声に納めないものはない。但し、この仏の音は無障無礙であり、一即一切、一切即一である。一切即一となるので一音となづけ、一即一切となるので円音となづける。云々　第三釈）

『立教義』では、この三釈によって多くの一音の意義があると註を施している。これを見ると、円音とは一音の遍く至る存在方法とも言える。法蔵に「円音章」があるにも関わらず、元暁の説を採ったのは、その元暁の説の明瞭さの顕しであると思われる。

三　まとめ―新羅仏教と関連して

以上、平安時代の華厳宗と新羅仏教を関連して検討してみた。奈良仏教において元暁の影響は、法蔵を上回ると言えるほど各宗派において波及し、華厳宗においても寿霊や智憬が思想的に積極的に受容している。平安時代に入っても、天台宗の円珍は新羅華厳宗の代表として元暁を名指しするほど、元暁は奈良時代の新羅華厳の代表として相応しい。しかし、円珍の後になると事情は少し変わる。少なくとも九世紀中葉より華厳宗には元暁の上に、義相や義相系統の珍嵩と見登の役割が加わることとなる。

『十玄義私記』の中で義相の『法界図』に対する引用パターンより推測できるように、法蔵と同一化を意識していたとみたが、それは充分に可能な理解であると考えられる。『法界図』はただ三回しか引用されないが、義相は〝徳〟と呼ばれ尊敬されていたようである。法蔵は「十玄義」の著者であり、『十玄義私記』においても一三〇回程引用されても、〝徳〟は付されていない。但し、旧来成仏と無我の報心の例からわかるようにその同一化は必ず思想の変化をもたらす余地まで残す。

特に『華厳問答』の将来とその廻心説をめぐって真偽が問われることによって、日本華厳宗における法蔵思想の理解が、屈折するようになる原因の一つとなった。しかし、日本の華厳宗の思想パターンが豊富になるきっかけを提供したともいえる。例えば、縁起と性起に関する踏み込んだ考察、新しい成仏論、修行の問題などを平安時代に取り入れることによって、鎌倉時代、江戸時代にかけてそうした思想が活発に議論されるからである。

また、新羅珍嵩の『孔目章記』が「青丘記」「新羅記」の名称で引用されながら、義相の『法界図』と同様に、法蔵の思想と同一化されていく。特に華厳五教の根源に関連して、『楞伽経』と関連付ける『孔目章記』の説を取り入れたのは、まれな例であろう。しかし、それ以降、その説が日本華厳宗の中で、受けづかれたことはなかったと考えられるが、『釈摩訶衍論』に対しては他の宗派と関連にも注目すべきである。

こうした義相や義相系統の文献が日本に入り、引用されることになったのは、見登の『華厳一乗成仏妙義』が著されてからであるので、その点からみて彼は影の貢献者といえる。

なお、元暁の役割が減っていっても、『種性義抄』や『立教義私記』においては一闡提と二乗成仏の問題、一音と円音の異同に関連してもっとも有力な証文として出され重要視されている。こうした例によって、平安時代において新羅仏教思想は、元暁の他に、新しく義相や義相系統の人物が登場し、日本華厳宗はそれらの文献を取り入れることによって中国や韓国より豊富かつ多様な華厳思相を形成した。

（キム キョナク・金剛大学校、仏教文化研究所）

註

（1）崔鉛植「日本古代華厳と新羅仏教—奈良・平安時代華厳学文献に反映された新羅仏教学—」『韓国思想史学』二十一（韓国思想史学会、二〇〇三）一—四一頁。（韓国語）

（2）金天鶴「日本華厳思想の研究—平安期の華嚴私記類を中心として—」（東京大学大学院、二〇〇七）

（3）金天鶴「華厳十玄義私記に引用された新羅華厳文献の思想的意義」『仏教学レヴュー』七号（金剛大学校仏教文化研究所、二〇一〇）一二九—一五三頁。（韓国語）

（4）佐藤厚「『一乗法界図』のテキスト問題」『仏教春秋』一五号（ソウル：仏教春秋社、一九九八）一三五—一四九頁。（韓国語）

（5）金天鶴「義相と東アジアにおける仏教思想」『義相万海研究』一号（二〇〇二）四〇頁、註(97)（韓国語）

（6）金天鶴［二〇一〇］一二九—一五三頁。

（7）金天鶴、註(6)。

（8）金天鶴「東アジア華厳学における成仏論」『韓国思想史学』三二輯（二〇〇九、一〇八頁）（韓国語）

（9）『大乗義章』（T四四、八二九b）「言報心者、如來曠修淨業因縁、動發真心、令真心中、智慧三昧陀羅尼等無量德生、雖具此德而無分別」

（10）『大乗義章』「佛性義」（T四四、四七三b）「攝陰從真。皆真心作、如夢中身皆報心作、如波水作」「八識義」（T四四、五二六a）」更作一重、攝末從本、會虚入實。一切諸法、皆是佛性、真心所作、如夢中事皆報心作」

（11）「道身章云。如一夜中夢。已過父及未生子各三有九。覺時見之。但在一念心中。非此心中片分為父。片分為我。片分為子。總在一心。隨舉即攝。九人無所相知。而非絶無九人之別。又非一念之外立三為有。立六為無。有無同處一念而非有無之別（已上）。是故但其無我報心。全為父全為我全為子故。如九世別法亦別也」（T四五、七二五c一二）

（12）金天鶴［二〇〇九］、一〇九頁では、旧来成仏は実践の側面、無我の報心は縁起の側面から理解できる点から大きく異なると判断した。

（13）金天鶴［二〇一〇］、一二九—一五三頁。

（14）金天鶴「平安時代の華厳私記類における成仏論」『印度学仏教学研究』五六—二号（二〇〇八、六五三—六五九頁）

（15）『種性義抄』（T七二、六〇bc）

（16）本来は『摂大乗論』の文である。引用処は『旨帰』でなく、『探玄記』（T三五、三八六c）

（17）『問答』に関する一連の論考は、義相講義・智通記/金相鉉校勘訳『華厳経問答』（CIR、二〇一三）（韓国語）付録に詳しい。

（18）石井公成『華厳思想の研究』（春秋社、一九九六）第三章第五節『華厳経問答』の諸問題。

金天鶴「韓国華厳における三乗極果廻心説の流れ」『印度学仏教学研究』通号九九（二〇〇一、二七〇—二七二頁）

金天鶴「日本華厳における三乗廻心論」『印度学仏教学研究』通号一〇一（二〇〇二、一八六—一八八頁）

崔鉛植「『華嚴經問答』の三乗極果廻心説研究」『仏教学研究』三〇号、（仏教学研究会、二〇一一）三三九—三六七頁。

（19）石井公成［一九九六］第三章第五節『華厳経問答』の諸問題

（20）金天鶴「日本華厳文献における『華厳経問答』の引用傾向」『華厳経問答をめぐる諸問題』（金剛大学校仏教文化研究所、二〇一二）九九—一三二頁。（韓国語）

（21）引用内容については、金天鶴［二〇一〇］一三二—一三五頁を参照されたい。

（22）五尺に関する新羅義相と義相学派の思想的展開は、金天鶴「義相學派的華嚴經與實踐」、『華嚴研究』一号（中國：陝西師範大學宗教學叢刊之二、二〇一二）二〇六—二一四頁。同「義相後期思想の実践論—吾身を中心として—」『韓国禅学』三五号（韓国禅学会、二〇一三）一六九—一九六頁を参照されたい。

(23)『十玄義私記』(上九一―オ)〝問。香象問答云。普法中何義事、何義理、問何。答。即答云。且約前方便者、於一色中、五尺義是事、無碍義理。若約正観中、五尺義理、無碍義事。又反此得。云云。問。此文意何。答。前義*方便者、共教三乗、此即入一乗前方便。正観者一乗。就三乗教、約色有長短方圓之中、五尺義者、取長義。無碍義者、一尺即五尺、云云。即一尺。所以約三乗教、五尺義事。此無碍義理也〟

*〝義〟字は衍字のようである。

(24)『十玄義私記』(上九一―オ)〝問。就正観、五尺義理、無碍義事。又返此得、云意何耶。答。一乗門意、一真如理成依他萬法故、離理事、離事理。所以五尺義理、無碍義事*。又返此、五尺義事、無碍義理、得言也〟

*〝事〟字は意味上補充した。

(25) 石井公成[一九九六]第三章第五節『華厳経問答』の諸問題。

(26) 明恵『金師子章光顕鈔』(日佛全一三、一九三a)

(27) 崔鈆植「珍嵩の『孔目章記』逸文に対する研究」『韓国仏教学SEMINAR』九号(二〇〇三、韓国留学生印度学仏教学研究会)四六―七二頁。

(28) 金天鶴「『孔目章記』逸文にみえる一生成仏論の思想的意味」『韓国思想史学』三四輯(二〇一〇、四一―六六頁)(韓国語)

(29) こうした五教と『楞伽経』、そして『釈摩訶衍論』との関連付けは、以後、華厳宗の中に受け継がれていない。しかし、杲宝の『宝冊鈔』(T七七、八二六b)によれば珍嵩は『起信論』を偽論と決めつけているので、そうした彼が『釈摩訶衍論』を収容することをどうみるべきなのか、今後、議論の余地がある。

(30)『種性義抄』(T七二、四八b)〝今此但爲顯三乗五性具成佛不成佛種性所以而重不出之也〟

(31)『種性義抄』(T七二、五六b)、『華厳一乗成仏妙義』(T四五、七九二b)

(32) 福士慈稔『新羅元暁研究』(大東出版社、二〇〇四)

(33) 金天鶴『日本華厳思想の研究―平安期の華厳私記類を中心として―』二章 奈良時代の華厳思想、五―三五頁(東京大学大学院 博士学位論文、二〇〇七)

(34) 金天鶴、註(33)、第三章 平安時代の華厳思想 参照

(35) 金天鶴「法蔵の『華厳教分記』種性論에 対する均如の理解」『仏教学研究』(仏教学研究会、二〇一〇)五四―五五頁。(韓国語)

(36) 常盤大定『仏性の研究』(国書刊行会、一九四四)

(37) 富貴原章信「五教章の種性義について」『南都仏教』三二号(南都部教研究会、一九七四)

(38) 木村清孝「初期華厳教学と元暁の闡提仏性論」『東アジア仏教思想の基礎構造』(春秋社、二〇〇一)の訳に従う。

(39) 木村清孝、註(38)、480頁。

(40) 元暁の利他的な観点よりの解釈については、木村清孝、註(38)、四九五―七頁を参照されたい。

(41) 木村清孝訳『華厳五教章』(中央公論社、一九八九)の翻訳を参照している。

平安時代の東大寺
—寺家組織と教学活動の特質—

永村　眞

はじめに

古代・中世における東大寺の足跡をたどると、いわゆる国家仏教の根本道場として、聖武天皇による全面的な外護のもとで大伽藍の威容を整えた奈良時代、平家による堂塔焼討をうけながらも創建の由緒を尊重しつつ自立的な再建と存続を図った鎌倉時代、この二つの時代に挟まれた平安時代に、東大寺の特徴的な姿を見出しにくいように思われる。また平安時代がどのように特徴的な時代であるかを捉えることも容易ではないが、この時代にあって東大寺が寺院として如何なる特質を生み出したのかを考えることにしたい。

具体的には東大寺にとっての平安時代とはどのような時代であったのか、その一面を明らかにすることを本論の課題とする。すなわち焼亡から再建、更に発展の道をたどった中世の東大寺を見すえながら、平安時代の東大寺において如何に特徴的な宗教的・世俗的な骨格が形作られたかについて検討を加えることになる。

まず本論の前提として、平安時代における寺僧の東大寺に対する視点を確定するために、平安院政期に編集された「東大寺要録」の構想に注目したい。その序には、

寺家衰弊、示災変于普天、伽藍興複、呈豊稔于率土、金光明四天王護国之寺、誠哉此稱矣、凡嘉瑞頻現、霊異甚多、感変之奇、難得稱者歟、矧乎聖教流布、慧眼易開、名匠相継、諮受不滞、六宗達者、住此伽藍、三学行人、萃此大寺、可謂興隆仏法之仁祠矣、住持遺教之勝処焉、然而年紀漸謝、伽藍荒蕪、星霜推遷、流記紛失、嗟哉哀哉、仏法訛替、聖跡将絶焉、爰少僧、目視伽藍、耳聴者談、聊拾旧記、粗勒寺要、遂編集成十巻、名東大寺要録、其有所不載、幸見者補之、于時嘉承元年孟秋、存斯略記耳、今開要録略有十章、

本願章一　縁起章二　供養章三　諸院章四付神社、　諸会章五付相折、　諸宗章六　別当章七付和上、　封庄章八　末寺章九　雑事章十

と記される。つまり本書は嘉承元年（一一〇六）に成立した後、巻十奥書の長承三年（一一三四）「東大寺僧観厳集之」や、本文中の後代にかかる記述から、嘉承元年より鎌倉前期に至るまで、観厳以下の寺僧の手で追補がなされたことが知られる。

本序によれば、東大寺において「興隆仏法」を、「聖教流布」・「名匠相継」という仏法相承の姿に、また「六宗達者」・「三学行人」という寺僧止住の中に見出していた。また「東大寺要録」における「十章」の構成と内容を概観するならば、「本願」・「縁起」・「供養」・「雑事」の各章に東大寺の由緒を、「諸院」・「別当」・「封庄」・「末寺」・「雑事」各章に寺内組織を、「諸会」・「諸宗」・「雑事」に教学・法会に関わる記述を見出すことができる。すなわち平安院政期において、東大寺をとらえる寺僧の視点として、由緒、寺内組織、教学・法会を措定することができよう。そして「東大寺要録」という寺誌が果たした重要な役割とは、創建期以来の由緒とともに、この由緒が寺院組織と教学・仏法により支えられたとの認識を相承させることではなかろうか。

そこで寺院の由緒を支え、東大寺の存続に寄与した寺内組織の特質を、平安前期における寺務組織の整備、衆徒（僧団）組織の形成、平安中期における院家の成立、平安院政期における寺内階層の分化という側面に見ることにする。次いで東大寺の宗教的機能の基盤となる教学活動と法会勤修の特質を、平安前期における真言密教の定着と、奈良時代以来の浄土教が平安後期に遂げた変容、さらに南都六宗から「八宗兼学」への流れのなかで、特に平安院政期に確立した華厳・三論両宗の修学と法儀の体系という側面に見る。

つまり本論では、社会史（組織史）と仏法相承という二面から、「平安時代」という時代が東大寺に遺した具体的な痕跡について考えることにしたい。

第一章　東大寺の寺家と衆徒

(一)　寺務組織の変遷

平安時代の東大寺経営をになった寺務組織として、奈良時代以来の三綱所を構成した三綱を、平安前期より補任されるようになった東大寺別当が配下に収めた東大寺政所がある。なお別当・三綱により構成される政所を中核に経営される東大寺の、法人的な存在を寺家と呼ぶことにしたい(1)。

「東大寺要録」別当章によれば、

第一少僧都良弁義淵僧正資、天平勝宝四年五月一日始補、年六十四、

寺務九年勝宝四、五、六、七、八、宝字元、二、三、四、

（中略）

第廿五大徳済棟斉衡二年任、

寺務四年同二、三、天安元、二、

私云、上件廿四代虚偽尤多、但依旧次第注之、是依無印蔵官符也、自下別当、依印蔵官符始改其偽耳、

第廿六大法師真昶貞観元年任、

寺務十二年、

と記され、良弁より済棟までの二十五代の東大寺別当の存在を、補

任を証する「印蔵官符」が伝わらぬことを理由に、その歴代について「虚偽」と断ずる。ここに典拠を重視する「東大寺要録」編集の基本方針がうかがわれよう。なお「虚偽」とする見解は史料的にも裏付けられ、東大寺別当（寺家別当）は、延暦年中（七八二〜八〇六）に「僧俗」別当制として寺内に置かれたもので、初代は円明であると考えられる。そして寺家別当が登場する背景には、聖武天皇の外護のもとで興隆を遂げた東大寺に対する、桓武天皇の寺院統制の強化があったことは言うまでもない(2)。

寺内統制を任務とする寺家別当が、創建期より寺家経営の実務をになってきた三綱を配下として寺家政所を構成し、以後鎌倉時代に至るまで、寺家経営の中核的役割を果たすことになる。

天喜四年（一〇五六）に東大寺別当の覚源は、寺領黒田・笠間両庄に対し、

政所下　黒田・笠間庄々　　案

　発向検田使事

　使

右、検田収納、任例可令勤仕之状如件、一事已上随使所勘、勿得違失、故下、

　天喜三〔四〕年十一月十三日

　別当権大僧都

とあるように、「検田使」の派遣を伝え、その指示に従うよう命じる政所下文を下した（「東大寺文書」1―1―80）。このように東大寺別当を中核として構成される政所が、平安・鎌倉時代における東大寺の経営組織として機能したわけである。なお東大寺別当であるが、当初は寺内常住の寺僧が補任されたが、永観二年（九八四）別当に補任された寛朝以降、「真言宗」を本宗とし高い僧位・僧官をもつ他寺僧が補任されるようになった。平安院政期以降、東大寺別当は常住僧に比して寺外「散住」僧の補任数が増える現象は中世を通して見られることになる(3)。

(二)　東大寺衆徒の形成

平安時代における寺家の経営組織（「寺家政所」）が整備されるなかで、東大寺を具体的に支える寺僧も、その組織的な整備が進められた。奈良時代に創建された東大寺の寺僧の多くは、他寺から移ってきた僧侶の集団であり、宗僧ごとのまとまりは持つものの、東大寺僧としての集団性とその意識が形成されるのは、時代を下ることになる。東大寺における僧団（衆徒、大衆）が一定の機能を果たす姿を、醍醐寺所蔵「東南院院主房起請」（聖宝置文）に見ることができる。

東南院

　定置院主房起請事

右、件院元是寺家別当道義律師、以延喜四年移立香積寺字佐伯院、於大衆中所付属也、以同五年氏人故参議正三位大宰帥佐伯宿祢今毛〔人脱〕等孫、同付属、因茲同六年重請政所判、但至住房者、寺家請破壊悲田一宇移立領掌、為代代院主房永伝於一門、是為断末世喧、起請如件、

　延喜七年二月十三日

僧正法印大和尚位聖宝

延喜四年（九〇四）、佐伯氏を出自とする東大寺別当道義は、佐伯院（香積寺）の堂舎を東大寺の東南院内に移建し、「大衆中」において聖宝に「付属」した。この東南院であるが、貞観十七年（八七五）聖宝により創建された院家で（『東大寺要録』諸院章）、移建された堂宇は東南院薬師堂となり（同前）、さらに延喜六年に「政所」の承認を受け、「悲田」院の「一宇」が移建された。この旧佐伯院の堂舎が聖宝に「付属」されるにあたり、「大衆」（僧団）の承認が不可欠であるとの認識があったことに留意したい。聖宝は集会の場において「大衆」からの「付属」を受けることにより、旧佐伯院を別相伝する、つまり寺家の意思を措いて、院主が独自に相承し処分することが可能となったわけである。

寺内で別相伝が許される院家へ寺財が譲渡されるにあたり、「大衆」の承認が必要とされたが、これは寺財が本源的には「大衆」に帰属するとの意識があったことを示すものである。この様に考えると、「大衆」に帰属する寺域内で、寺家からの掣肘を受けることなく特定の院家が相伝・処分が許されるには、この「大衆」の合意が不可欠とされたことも首肯できる。

さらに「大衆」による別当・三綱の簡定権に見られるように、寺家内において僧団が確固とした位置を占めることになり（『延喜式』巻二十一）、創建期に東大寺に集住した諸宗の寺僧が、東大寺の「衆徒」・「大衆」として集団的なまとまりをもつ僧団を形成したのは、創建期より時代を下る平安前期のことであろう[4]。

その僧団としてのまとまりの中核的な役割を果たしたのが、以下の文書を発給した「五師」の存在である。天仁三年（一一一〇）の東大寺大衆下文案（『平安遺文』一七一七）は、

東大寺大衆下　内平群華厳会免田々堵等
可早勤仕色衆饗役式法事
（中略）
右、件饗役、任衆議之旨、宛町別十前、（中略）内平群免田々堵等可勤仕、依作人成宗等請申、衆議之旨如件、作人等宜承知、毎年不闕令勤件役之状如件、勿違失、故下、
天仁三年参月九日　維那法師
維那法師慶円在判
五師
大法師在判
大法師在判
大法師在判
大法師在判

とあるように、「東大寺大衆」が受給すべき「色衆饗役」の寺納を、大和国平群郡内の「華厳会免田々堵等」に命じたものである。「東大寺大衆」の代表者としての「五師」は、「衆議」を開催し、その決定を踏まえて東大寺大衆下文を発給している。「東大寺大衆」（衆徒）つまり僧団により集団的な意思を定める手続きとして「衆議」があり、その意思決定の場として集会が開催された。そして東大寺大衆は「衆議」に基づき、僧団に帰属する物権の維持や、寺僧の個

人資産に関わる保証行為を行った(5)。

なお「東大寺大衆」の代表格としての「五師」は、その内から一人が年預五師に順次選任され、平安院政期以降には「年預所」を冠した文書を発給した。ただし年預五師が年預所下文を発給して、本格的に寺家経営に関与するのは鎌倉時代以降のこととなる。

ところで「東大寺大衆」（衆徒）の構成員たる寺僧の多くが寺内止住の場としたのは三面僧坊であるが、その他に法華堂僧坊のような寺内諸堂の僧坊、さらに諸院家があげられる。その中でも特に平安前期以降に寺内に増加する院家の存在に注目したい。

「東大寺要録」諸院章には、

一念仏院在南院門東脇、今云新院是也、
天慶元年戊戌、明珍僧都之所建也、
一正法院
東大寺別当平崇君之建立也、委見供養願文、永祚二年三月十九日儲斎会供養、
一南院亦名真言院、
弘法大師之建立、
（中略）
一尊勝院
天暦元年丁未、始立尊勝院、五間四面堂一宇、在三面僧坊、
但切〔南カ〕堂者村上天皇御願、同八年奏聞成御願了、此〔北カ〕堂者光智大僧都之願也、

として、寺内院家の成立に関わる記事が見られる。東大寺内に創建された院家として、南院（真言院、弘仁十三年（八二二）創建）、東南院（貞観十七年（八七五）創建）、念仏院（天慶元年（九三八）創建）、尊勝院（天暦元年（九四七）創建）、正法院（永祚二年（九九〇）以前創建）等が知られる。これら諸院家を見ると、弘法大師建立の南院、明珍の建立にかかる念仏院、平崇建立の正法院とあり、尊勝院は院家自体は光智の発願で創建されたが、院内の「切〔南カ〕堂」は村上天皇の勅願によるものであり、同院の御願寺としての由緒を支えることになった。

これら諸院家は、檀越・寺僧の発願により寺域内に創建されながら、東大寺政所とは距離をもち、別相伝を許容され、個々の寺僧の止住の場、諸宗の修学・相承の拠点としてあり、仏法の継承を図る東大寺にとって不可欠な構成要素として存続したのである(6)。

（三）寺内階層の形成

東大寺大衆の構成員として、寺内の僧坊や院家に止住する寺僧にとって、日常的な仏道修行は如何なる意図のもとに行われたのであろうか。時代を下る鎌倉後期に発給された東大寺年預五師書状に、「仏道修行之道非一、准出離生死之縁遍也、云事行云理行、共以為成仏之因」との一文が見出される（「東大寺文書」1/17/135）。すなわち寺僧による「仏道修行」は「出離生死」して「成仏」を目指すものであり、「成仏之因」となる「行業」には、「理行」（教学）と「事行」（実践）があるとされた。本来ならば「理行」と「事行」は、一体でなされるべき「仏道修行」の方法であるが、寺僧にはいずれかに偏した修行をおこなっていた現実が見られる。そして寺僧集団の中に、「理行」を専らにする学侶と、「事行」を専らにする堂衆と

いう階層が生まれたのが、平安院政期であった(7)。

まず学侶であるが、東大寺戒壇院の再興開山である円照上人の事績を凝然が記した「円照上人行状」巻上に、

照公元祖宗族、累代連綿、皆為東大寺之学侶、年序久積三百余歳、父氏三論、号千手院、母氏華厳或亦三論、号唐禅院、近比祖父有寛豪已講、三論名匠、二明施功、乃照上人之祖父矣、厥之真子有厳寛得業、内外兼通、論説包貫、能芸多端、為衆所推、

とあり、円照の「元祖宗族」をたどるならば、「三百余歳」にわたり「連綿」と続く「東大寺学侶」（住侶）の一族であることが知られる。しかも父方は三論宗を相承する院家の千手院、母方は華厳宗（または三論宗）を相承する唐禅院であり、ここから三論・華厳両宗に属する学侶とその院家の存在、さらには学侶が「二明」（内明・因明）、「内・外」（内典、外典）を修学する姿が見られる。そして平安院政期には「東大寺学侶」が、寺内では中核的な存在であった。

また堂衆であるが、「東大寺諸集」（大日本仏教全書『東大寺叢書』所収）に、

当寺両堂禅衆最初者、於大仏殿致供華等勤行之処、会合難儀之間、一方者以法花堂為本堂、一方者南中門為道場、爰鳥羽院御本尊赤栴檀十一面之像下賜之間、以此為本尊、建立一堂、永為勤行之庭、御堂之名字、移南中門者也、

として、「両堂」（法華堂、中門堂）に止住する「禅衆」（堂衆）の起源について、いずれもが大仏殿において「供華等勤行」を本務とする寺僧集団であったが、「会合難儀」を理由に、その一部が「法花堂」を「本堂」に、残りが「南中門」を「道場」とするようになったという。更に鳥羽院の「御本尊」である「赤栴檀十一面之像」が下賜され、この像を本尊とする「御堂之名字」に「南中門」が移され、ここに中門堂との堂名が生まれたとされ、同堂の成立時期が鳥羽院政期であるとの伝承が確認できる。ただし右の史料は、中門堂衆が生まれた一説を語るものであるが、ここに法華堂の成立について語られることはない。後に東大寺内における大仏殿と法華堂の立場は同等であるとする法華堂衆の主張には、法華堂の創建期より同堂の日常的な維持・運営を支えた寺僧の存在があり、これを法華堂衆の起源とする認識が窺われよう（「東大寺文書」1/8/154）。

いずれにしても平安院政期には、両堂（法花堂、中門堂）を「本堂」・「道場」とする両堂衆の形成が見られることは確かであろう。そして法華堂衆は華厳宗、中門堂衆は三論宗を本宗とし、鎌倉時代には両堂衆は各々、両宗の本所である尊勝院と東南院の配下に置かれた。また法華堂・大仏殿を維持する住僧から生まれた堂衆であるが、戒壇院における受戒会の職衆であることに自らの存在意義をもち、その相承を拠り所に、堂衆としてそのまとまりを維持することになる（同前）。この堂衆のまとまりは、やはり平安院政期を境にして、二月堂修二会の練行衆における学侶の「北座」、堂衆の「南座」の分化にも反映された（「東大寺二月堂修中練行衆日記」）。

このように近世末まで維持された学侶と堂衆という寺内階層の分化は、平安院政期に端を発する。

平安時代の東大寺において、寺家の実質的な主体である「衆徒」

が確固たる姿を顕し、「東大寺衆徒」・「東大寺大衆」（僧団）としての自己意識、つまり僧団は五師を中心に集団性をもつという意識を共有するようになった。この「衆徒」が止住する院家が寺内に相次いで建立されるとともに、「衆徒」が寺内階層としての学侶と堂衆へと分化する。そして院家・僧坊を拠点とする学侶・堂衆からなる「東大寺衆徒」が、各々の集団性を前提に寺内の法会勤修や寺家経営に関わり、中世を通して東大寺の存続を支える重要な柱となる。

第二章　真言密教と浄土教

(一)　真言院と東南院

奈良時代の東大寺において、「六宗」（倶舎・成実・律・三論・法相・華厳各宗）を修学する宗僧集団が、草創期の仏法相承を支えた。この「六宗」に新たに加わったのが、空海により請来された真言宗であった。「東大寺要録」諸院章の「南院亦名真言院、」項には、

太政官符

応東大寺真言院置廿一僧令修行事

右、検案内、太政官去弘仁十三年二月十一日下治部省符偁、右大臣宣、奉　勅、去年冬雷恐有疫水、宜令空海法師於東大寺為国家建立灌頂道場、夏中及三長斎月、修息災増益之法、以鎮国家者、今被従二位行大納言兼皇太子傅藤原朝臣三守宣偁、自今已後、宜件院置廿一僧、永為定額、不向食堂令修行、別当之僧専当其事、但住僧交名、専当法師等簡定、牒僧綱令行、若僧有闕、随以補之、

承和二年五月九日

との太政官符が掲げられる。すなわち承和二年（八三五）に「東大寺真言院」に「廿一僧」（定額僧）を置き、修法勤修を委ねることを定めたものであるが、本官符中に弘仁十三年（八二二）の太政官符が引用される。この弘仁十三年の官符によれば、旧冬からの「疫水」の蔓延を防ぐために、空海に命じて東大寺内に真言院（「灌頂道場」）を建立させ、「息災増益之法」の勤修により「鎮国家」を図ろうとした。ここに創建期より「六宗」を相承してきた東大寺内に、新たに「灌頂道場」を掲げた真言宗の院家が登場したわけである。この弘仁十三年の東大寺真言院の建立をもって、真言宗が鎮護国家を担う一宗として公許されたとする堀池春峰氏の評価は首肯できよう(8)。

承和二年（八三五）に真言院に置かれた「廿一僧」は、同院の「別当之僧」のもとで、「食堂」を別にするという形で、三面僧坊等に止住する寺僧と雑住することなく生活し、「専当」僧が「住僧交名」を僧綱に報告し、闕員は僧綱の承認のもとで補充されることになっていた。また「心経秘鍵奥書云、承和元年仲春之月、於東大寺真言院開演云々」（「東大寺要録」諸院章）との一文にも明らかなように、空海撰述の「般若心経秘鍵」の講説が真言院で勤修され、真言宗僧が独自の「修行」を行っており、東大寺内に専ら真言密教を修学する真言宗僧の集団が生まれ、まとまりをもって存続していたことが知られる。

この東大寺真言院であるが、「忽建五間四面之灌頂堂、令安両部

九幅之曼陀羅、定置廿一口僧、勤修息災増益法、而建立之後、星霜多移、破壊之間、蹤跡空絶」（『東大寺続要録』諸院篇）とあるように、「五間四面」の灌頂堂に「九幅之曼陀羅」が安置されていたが、平安中期には「破壊」が進み、その再建は鎌倉中期を俟つことになる（同前）。

東大寺真言院の創建とその修学活動による真言密教の広まりのなかで、「夫真言教門、諸仏之肝心、如来之秘要也、凡在仏子、必可修習矣」（『東大寺要録』諸宗章）とあるように、「仏子」として「諸仏之肝心」・「如来之秘要」つまり仏性を自覚するためには、「真言教門」を修習すべきであるという認識が、寺僧集団により共有されたことは注目すべきであろう。

このように東大寺内に創建された密教道場である真言院は、真言立宗の象徴的存在であり、同院において日常的に勤修される修法と講説が、覚悟を目指す寺僧に大きな影響を及ぼした。

さて空海により設けられた東大寺真言院が廃絶した後、その機能を継承する意図をもって東南院を創建したのが、醍醐寺開山でもある聖宝であった。『東大寺要録』諸院章によれば、「一東南院　貞観十七年乙未、聖宝僧正造東南院、檜皮葺僧房内安如意」として、貞観十七年（八七五）東南院は聖宝により創建され、檜皮葺の僧房には「如意」が安置されたという。なお東南院に安置された「如意」とは、聖宝が維摩会に出仕した折に用いたとされる五獅子如意である。後に南都の寺院社会において聖宝への評価の高まりを背景に、維摩会講師が講説にあたり、この東南院に安置される五獅子如意を用いることになり、興福寺は維摩会の勤修に先立ち東南院に如意の借用を求めたのである[(9)]。

東南院を創建した聖宝であるが、『東大寺要録』末寺章には、

生年十六、従真雅僧正得度、初属元興寺元暁律師、随同寺円宗僧都、受習三論法門、随東大寺平仁大法師、受学法相法門、随同寺玄永大徳、受花厳法門、修学之間、住東大寺東室僧坊従南北行第二室、（中略）生年四十、大師（真雅）僧正為阿闍梨受習無量寿法、大師卒去之後、就金剛峯寺真然僧正、受習両部大法、年五十三、就源仁僧都、受伝法灌頂、漸阿闍梨位、（中略）所造東寺・西寺・醍醐・興福寺地蔵堂・金峯山・東大寺中門二王、

との事績が掲げられる。すなわち空海の実弟である真雅のもとで出家を遂げた聖宝は、東大寺の三面僧坊に止住する三論宗僧として華厳・法相宗を兼学した。さらに「四十」代より真言密教に傾倒し、真雅・真然・源仁を大阿闍梨として密教の伝授を受けた。

東南院は、前述の通り、延喜四年（九〇四）に東大寺別当道義が佐伯院の堂舎を院内に移建して聖宝に付属し、ここに東南院薬師堂が生まれ、さらに寺内の悲田院一宇が移されて院主坊となり、聖宝の晩年に至り院家としての整備がなされた（『東大寺続要録』諸院篇）。また東南院では、開基聖宝が本宗とする三論宗に加えて真言宗を相承することになり、同院は三論・真言兼学の院家として存続することになる。なお延久三年（一〇六九）に東南院々主を三論宗長者とする「宣旨」が下され、同院は三論宗本所としての立場を維持することになった（同前）。

文治六年（一一九〇）権僧正勝賢は、東南院々主職とそれに付帯する堂舎・所領等を定範に譲与したが、その譲状（『鎌倉遺文』四四

一）によれば、

譲与　東南院々主事

　在

　堂舎・僧房・経蔵・所領等自余券契在別、

右、件院家、去年七月不慮之外伝領之、偏是尊師御冥助也、仍為報祖師厚恩、院家造営、興法利人、殊抛万事所相励也、而自往古三論之本所也、但密宗之身、猶院主号有其憚、故所譲与定範得業也、即常住本寺而令学本宗也、自今以後、非本寺常住人者、不可居此職、深可存其旨状、処分如件、

文治六年六月七日　　　権僧正在判

とあるように、東南院は「三論之本所」であるが真言宗との兼学道場であることから、勝賢は「不慮之外」に院主についたものの、自らが「密宗之身」（唯密）かつ「本寺常住人」ではないことを理由に院主職を定範に譲ったのである。ここに真言宗僧である勝賢に対して、三論宗を兼学していなかったことを理由に、東南院々主であることを拒否する風潮が寺内にあったことが知られる。つまり東南院の真言宗は、あくまで三論宗との兼学であり、真言宗僧（唯密）であるだけでは、院主としての資格に欠けると認識されたのである。

ここに東大寺における真言密教を受容する意義とその姿が見出される。つまり「灌頂道場」として創建された真言院は、唯密の「定額」僧が止住する院家であったが、真言密教の継承を意図して創建された東南院は、真言・三論両宗を兼学する院家であり、真言院の廃絶後、平安時代を通して東大寺内では三論宗と兼学される真言宗が継承されたわけである。ところが鎌倉時代になると、寺内に真言宗のみを継承する密衆が登場し、その院家（真言院、新禅院、戒壇院等）が再興・創建されたが、この存在と並んで、以後も東南院において三論宗と兼学される真言宗が相承されたことには留意しておきたい[10]。

(二)　東大寺別所と浄土教

「六宗」を掲げて存続した東大寺で受容された真言密教と共に、寺僧個々の仏道修行に大きな影響力を及ぼしたのが浄土教であった。南都における浄土教については、凝然撰述にかかる「浄土法門源流章」に、

中古有三論永観律師、兼帰浄教、作弥陀要記・往生十因等、有中河実範大徳、法相・真言兼研律蔵幷翫浄教、大施章鈔、流行世間、彼世同時有光明山重誉大徳、即三論碩匠也、兼研密蔵、帰投浄土、撰西方集三巻、東大寺三論珍海已講兼研浄教、撰決定往生集一巻、浄影義章作浄土義私記二巻、天台勝範作西方集三巻、如是諸哲皆修浄業、

として、三論・法相・天台・真言等を修学する南都の諸寺僧が、「浄教」（浄土教）に帰依した姿が記される。東大寺三論宗僧としてあり後に「浄業」を修するため遁世を遂げ、「弥陀要記」・「往生十因」を撰じた永観、同じく「西方集」を撰した重誉、「決定往生集」・「浄土義私記」を撰した珍海が注目される。特に永観の「往生十因」、珍海の「決定往生集」は、南都の浄土教における重要な著

述とすることができる。

　ここで康和二年（一一〇〇）に東大寺別当にも就いた永観が、一時期止住した光明山寺は、「光明山寺在山城国、東大寺厳瑁已講之建立也、」（「東大寺要録」末寺章）とあるように、東大寺三論宗の厳瑁已講により建立され、「山城国別所」とも呼ばれた。ところが「興福寺官務牒疏」（大日本仏教全書『寺誌叢書』所収）には、「光明山寺　在相楽郡相谷東棚倉山、僧房二十八宇、末山二十八宇、交衆二十口、宇多天皇勅願、広沢寛朝僧正之開基、本尊薬師仏、然永承四年再建、弘寛僧都也」として、宇多天皇の勅願のもとで「広沢寛朝僧正」により創建され、永承四年（一〇四九）弘寛により再建されたとの説もある。裏付けの取りがたいところはあるが、東大寺僧が遁世して止住する事例は散見され、これが創建の由緒によるならば、厳瑁創建の説に傾くことになろう。永観についても、「拾遺往生伝」巻下には、

　年十二出家、於東大寺受具足戒、入三論宗、又学唯識・因明、能達法相宗、（中略）卅有二、遂辞囂塵、蟄居光明山、経行四十、帰住禅林寺、

とあり、康平七年（一〇六四）にいったんは東大寺三論宗を辞して光明山寺に「蟄居」（遁世）し、後に禅林寺に復するが、光明山寺にあっては念仏修行に専念したものであろう。

　永観の念仏観については、その一端を「往生拾因」に見ることができる。まず阿弥陀如来との得がたい値遇を得て、

　幸今値弥陀願、如渡得船、如民得王、（中略）若競余日不勤者、遇浄土教又何時、早抛万事、速求一心、依道綽之遺誡、火急稱名、順懐感旧儀、励声念仏、有時五体投地稱念、有時合掌当額専念、

とあるように、万事を抛ち「道綽之遺誡」に従って「一心」に「称名」・「念仏」する「浄土教」の教えに接することになる。永観にとっての「念仏」修行は、明らかに口称（「励声念仏」）と観念（「専念」）とが併存しており、観念を専らとする従来の浄土教と、観念を否定した専修念仏を説く法然の浄土宗との中間に位置するものであった。また「念仏」により唱えられる阿弥陀如来の「名号」についても、「往生拾因」の「第一」に、

　一心称念阿弥陀仏、広大善根故、必得往生、（中略）弥陀名号中、即彼如来従初発心、乃至仏果、所有一切万行万徳、皆悉具足、無有缺減、非唯弥陀一仏功徳、亦摂十方諸仏功徳、（中略）今此仏号文字雖少、具足衆徳、如如意珠形躰雖少雨無量財、

として、「一心称念」する「阿弥陀仏」の「名号」には、阿弥陀如来の「初発心」から「仏果」に至る一切の「万行・万徳」のみならず、阿弥陀を頂点に仰ぐ「十方諸仏」の「功徳」が「具足」されており、「仏号文字」は短いものの、その中には「衆徳」が備わると説く。それ故に、阿弥陀仏の名号を「一心称念」することは「広大善根」となり、その結果として必然的に「往生」が実現するわけである。更に「往生拾因」の「第十」において、「一心称念阿弥陀仏」の内実について説く中で、

一心稱念阿弥陀仏、随順本願故、必得往生、故本願云、十方衆生、至心信楽、欲生我国、乃至十念、若不生者、不取正覚云云、（中略）浄土論註云、問云、幾時名為一念、答曰、百一生滅名一刹那、六十刹那名為一念、此中云念者、不取此時節也、但言憶念阿弥陀仏、若総相若別相、随所観縁、心無他相、十念相続名為十念、但稱名号、亦復如是、（中略）又善導和尚云、行有二種、一一心専念弥陀名号、是名正定業、順彼仏本願故、若依礼誦等、即名助業、除此二行、自余諸善悉名雑行已上、是故行者係念悲願、至心稱念、除不至心者、不順本願故、（中略）若有修観念者、不可勧余行、妨観念故、如彼尋禅《（尋静）》師之誡也、若不能観念者、更相開暁、為稱南無阿弥陀仏・南無阿弥陀仏、声声相次使成十念、若不堪稱名者、只作往生之思、心是作業之主、受生之本也、心王若西逝、業従亦随之、如雲随龍、如民順王、（中略）適値釈尊之遺法、盍励出離之聖行、一生空暮、再会何日、真言・止観之行、道幽易迷、三論・法相之教、理奥難悟、不勇猛精進者、何修之、不聡明利智者、誰学之、（中略）今至念仏宗者、所行仏号、不妨行住座臥、所期極楽、不簡道俗貴賤、衆生罪重、一念能滅、弥陀願深、十念往生、

とあり、「一心称念阿弥陀仏」が阿弥陀如来の「本願」に基づく故に、「称念」という行為が「往生」につながり、「十方衆生」が「至心信楽」して阿弥陀の浄土である極楽に往生したいと願い、「乃至十念」すれば必ず往生が実現することになる。この「十念」とは、「浄土論註」によれば、「相続」して「憶念阿弥陀仏」することであり、「但称名号」もまた「乃至十念」（「声声相次使成十念」）に他ならないとする。

　また「善導和尚」の説により、往生を実現する「行」に二種あり、一つは「一心専念弥陀名号」であり、これは阿弥陀の「本願」に基づくが故に「正定業」とされ、「礼誦等」はその「助業」となる。しかしこの「二行」をのぞいた全ての「諸善」行は、「本願」から離れた「雑行」とあることから、念仏の「行者」は「至心称念」にこだわるわけである。

　さらに「称念」という行為を、まず「観念」を修することとするが、「観念」の能力に欠ける行者には、「称南無阿弥陀仏・南無阿弥陀仏」し「十念」をなす「称名」を、更にその能力にも欠ける行者には、「往生之思」を作すことも往生のための行業として許容する。このように行者の「機」に応じて、「観念」・「称名」・「往生之思」という段階的な「称念」を許す、つまり行者の能力に対応した念仏に幅を設ける認識は、源信の「往生要集」にも共通して見られる。そこで「不聡明利智」る行者にとって、「真言・止観之行」、「三論・法相之教」が如何に「釈尊之遺法」であったとしても、「理奥難悟」であれば「出離之聖行」とはなり得ない。その一方で「念仏宗」（浄土教）では、阿弥陀の本願により、「行住座臥」に「仏号」を唱えたならば、「道俗貴賤」を問わず「衆生罪重」は消滅し「極楽」往生が実現すると説くわけで、この延長上に法然の専修念仏が生まれたことも首肯できる。

　すなわち永観は「往生拾因」で、「観念」に止まっていた「称念」（念仏）に、行者の能力に応じた幅をもたせ、「但稱名号」を往生のための行と認める「乃至十念」の解釈を示した。ここに永観が遁世した光明山寺等の別所を拠点として、浄土教に新たな認識が生

まれ、これが遁世僧の信心の中に浸透するとともに、「往生拾因」等の著述を通して、東大寺における浄土教の理解にも大きな影響を与え、別所から本寺へ新たな浄土教の理解が展開することになった。そして東大寺にとっての別所は、寺僧が遁世して念仏修行を行う場から、遁世僧により生み出された新たな浄土教を、本寺へ展開させる拠点としての役割を果たしたことは確かであろう。

東大寺僧の信心にとって重要な役割を果たした真言密教と浄土教であるが、寺内の真言院・東南院を拠点に、東大寺に特有の兼学として相承された真言密教、別所において新たな発展をとげ、本寺に影響を及ぼした浄土教という、「六宗」とは次元を異にする仏法受容の姿を確認することができる。このように「六宗」を相承し「八宗兼学」を掲げた平安時代の東大寺において、新たな宗教的要素を加えた時代固有の仏法相承の端緒が見出されるのである。[11]

第三章　東大寺における華厳・三論両宗

(一)　東大寺教学の柱

奈良時代以来の「六宗」に加えて、平安時代に天台・真言両宗が加わり、東大寺は「八宗兼学」の道場とされた。「円照上人行状」巻一には、

東大寺仏法本弘華厳宗、本願良弁僧正専伝華厳円宗、亦学義淵所伝宗旨、是故法相中宗、鑑真和尚来朝已後、弘学律蔵、行受戒事、弘法大師弘通密教、尊師已後学三論宗、厥倶舎附法相、成実附三論、鑑真・法進学通台宗、而未必聞講敷弘伝、寺中所学無有所局、故東大寺号八宗兼学梵場、然近来所弘顕宗大乗、唯学華厳・三論両宗而已、寺内学侶繋属両宗、

とあり、東大寺の創建を支え、その仏法相承の端緒をなす「華厳円宗」、これに「法相中宗」、「律蔵」、「密教」、「三論宗」、「倶舎」、「成実」、「台宗」が相次いで加わり、寺内では特定の「宗」に限定されることなく幅広い修学がなされたため、寺内では自らを「八宗兼学梵場」と号したことは、前述の通りである。

ただし平安時代から実質的に寺僧の多くが本宗としたのは、「華厳・三論両宗」であり、この両宗が東大寺の仏法を支える二本の柱とされた。東大寺の「仏法」は、創建期の華厳宗、奈良時代の「六宗」、さらに平安前期に天台・真言両宗が加わり、平安中期には「八宗兼学」を掲げたものの、平安院政期に寺内の学侶は「華厳・三論両宗」に繋属したという現実があった。しかし東大寺が敢えて「号八宗兼学梵場」することにこだわり続けたのは、自らが日本に弘通する「仏法」を包括して相承するとの歴史的な認識を根強く持ち続けたからであろう。その理念は別として、東大寺は華厳・三論両宗を実質的に相承しており、保元二年（一一五七）東大寺三綱陳状案（『平安遺文』二八八六）に、「当寺者、以三論・花厳両宗尤為所崇、依之以湯船村付東南院三論本院、以玉瀧村付尊勝院華厳本院、」とあるように、両宗の相承を支える「本院」（本所）としての東南院・尊勝院が重要な役割を果たしたのである。例えば、東南院を本所とする三論宗の場合、永暦二年（一一六一）東大寺三論宗解案（同前三一五二）によれば、

東大寺三論宗
請特早任先例被免除近江国愛智庄田状
副進
天長元年本券案一通、
（中略）
右、件庄、聖武天皇御宇、興隆諸宗被置学徒之時、以先帝之勅施物、買平民之私領田（山野田代百余町廿町）、宛行三論、根元子細具見公験、（中略）将運令法久住之籌策矣、祈天長地久之宝祚矣、仍録在状以解、
永暦二年四月　日　少学頭伝燈法師位
伝燈法師位
大学頭伝燈大法師位
「検校伝燈大法師位」

として、寺内に「東大寺三論宗」という宗僧のまとまりがあり、少学頭・大学頭・検校から構成される「宗」家組織が宗僧を統括していた。本文書は、諸宗興隆のため「三論」宗に勅施入された所領の由緒とその継承を記し、公家に上申したものであるが、すでに延久三年（一〇六九）に東南院々主が三論宗長者とされ、同院が三論宗本所となるなかで、少学頭・大学頭・検校からなる「宗」家が実質的に機能していたかは疑問であるが、少なくとも奈良時代以来の「宗」組織の形骸を見ることができる。そして実質的には東南院を本所とする三論宗の僧団は、三論宗に宛行われた所領を、実質的には東南院領として継承し、院家の存続を図ったわけである。

東大寺が相承する華厳・三論両宗は、平安時代の寺院社会の中で如何なる位置をしめたのかを知る糸口として、平安院政期には汎用される「四箇大寺」に注目したい。時代は下るが、一条兼良撰にかかる「尺素往来」には、

四箇大寺者、東大寺ハ聖武天皇ノ御願、花厳為宗、八宗兼学、興福寺ハ淡海公ノ御願、法相為宗、一宗ノ所業又因明之大事、非他宗能所知者歟、延暦寺ハ桓武天皇ノ御願、園城寺ハ天智天皇ノ御願、同共顕教・密宗兼学、天台・真言竝行而已、

と記され、東大寺・興福寺・延暦寺・園城寺の「四箇大寺」における仏法相承の姿が語られる。すなわち聖武天皇の本願により創建された東大寺では、「華厳」宗を中核して「八宗兼学」がなされていた。東大寺を含む「四箇大寺」には、「四種大乗、一法相宗、二三論宗、三天台宗、四華厳宗、前二宗菩薩乗、後二宗権仏乗」（「法界名数解釈」国立歴史民俗博物館所蔵田中本四〇七号）とあるように、法相・三論・天台・華厳の「四箇大乗」（四種大乗）が相承されており、この「四箇大乗」の諸宗を掲げる「四箇大寺」の寺僧のみが、公家により催される顕教の勅会に招請されたのである。そして「四箇大寺」の寺僧のみが勅会に招請されるということは、顕教を相承する数多くの諸寺院の中で「四箇大寺」は頂点の位置を占めることになる。(12)

「四箇大寺」のなかで華厳・三論両宗を相承するのは東大寺のみであり、「四箇大乗」の二宗である華厳・三論両宗が、「八宗兼学」を掲げた東大寺の高い寺格を維持したと言える。顕教寺院の頂点に立つ「四箇大寺」とその教学を支える「四箇大乗」への評価は平安

院政期に確立するとともに、中世を通して東大寺を支える寺格意識として継承されたと考えられる。

(二) 弁暁と華厳宗

創建期以来、「六宗」・「八宗」の仏法を相承する東大寺において、華厳・三論両宗は具体的にどのように修学されたのであろうか。寺僧による修学の一面は、東大寺図書館に架蔵される膨大な論義草に窺うことができる。「東大寺要録」諸会章には、

恵運僧都記録云、弘仁二年十二月卅日、東大寺講堂方広会登高座、竪義、(中略)十一年春三月、於東大寺羂索院、法花会登高座、竪義、五重唯識章、冬十二月十五日、講堂方広会登高座、竪義、仮実等三類、

として、東大寺の学僧であった恵運僧都の修学階梯が語られる。すなわち弘仁三年(八一二)東大寺講堂で催された「方広会」で竪義を勤修し、同十一年同寺羂索院の「法花会」竪義、更に同寺講堂の「方広会」竪義を勤めた。平安前期から寺院では課試(昇進試験)としての「竪義」が開催され(「延喜式」巻十四)、三階・五階の業を果たし講読師に昇進する課試の一階に位置づけられ、「竪義」を柱として論義会が勤修された。

さて平安院政期より華厳宗僧のなかに、「中古之英匠」とされた尊勝院弁暁の姿を見いだすことができる。「東大寺別当次第」には、「八十九法印権大僧都弁暁華厳宗、尊勝院、建久十年正月十四日、被仰下、(中略)建仁二年六月廿七日、辞退寺務幷大僧都信阿弥陀仏、」とあり、尊勝院々主としてあるとともに、建久十年(一一九九)から建仁二年(一二〇二)にわたり東大寺別当を勤め、同職辞任の後に俊乗房重源のもとで遁世をとげ、「信阿弥陀仏」を名乗ったとする。

弁暁は「論説兼備」と高く評価され、論義における問答のみならず「説」経にも優れた能力を発揮した(「三国仏法伝通縁起」)。「玉葉」承安四年(一一七四)十月十七日条には、「自今日関白啒当時之能説五人隆憲、観智、覚長、明遍、弁暁、五ヶ日之間、日別被供養五部大乗経云々」とあり、「能説」家として広く貴族社会にも知られていた。

この「論説」の能力は論義会の場で発揮され、仁安三年(一一六八)、嘉応二年(一一七〇)の「季御読経問答」に「御前衆」(聴衆)として出仕し、特に嘉応二年に閑院内裏において催された季御読経では、延暦寺勝延の講説に対し、弁暁は華厳宗の立場から「問」を投じた。その問答については、「季御読経問答第四」(東大寺図書館所蔵121/326/1)に、

嘉応二年三月廿六日被始行春季御読経、於閑院修也、

(中略)

二番　勝延答山　弁暁問東

(中略)

問、般若経中、付明三無漏根、且未知当知根与諸根相応云々、爾者、諸根還与未知根相応耶、

答、互可相応也、進云、未知根ハ与諸根相応シ、諸根ハ与未知根不相応云々、付之、互可相応耶、例如云未知根与八根互相応、又九根与未知根互相応、至于云諸根ト、何参差耶、

尊婆須密論第九巻尺云々、仍後日勘彼論、未知根与諸根不相

応、諸根与未知根不相応云々、諸本皆如此、而勝延付不字脱
落本、進難之条、最短慮也、

とあり、一切の煩悩を離れた清浄の法を増長させる「三無漏根」について、そこに含まれる「未知当知根」と「諸根」（五根）との「相応」を「問」うたものである。この「問」・「答」について、弁暁は問答の後に、講師が典拠としたという「尊婆須密論第九巻」の「諸本」を参照したところ、自らは両「根」を「不相応」と「尺」したが、答者である勝延は「不相応」の「不」字が脱落した「本」（典拠）により「答」じており、これを「短慮」と注記している。ここに弁暁の「問」と勝延の「答」について、各々の典拠の違いが示されている点は注目される。そして論義出仕にあたり、如何なる典拠によるか、如何なる「問」を投じ、また如何に「答」ずるか、その唱文を記した論義草が、寺僧の修学にとって重要な聖教であったことは言うまでもない。

さらに承安元年（一一七一）の法勝寺御八講に招請された弁暁は、第三日の朝座において、「法華文句」の「第七化城品」について講説した講師の延暦寺弁清に対し、問者とし「問」を投じたが、「法勝寺御八講問答記」（東大寺図書館所蔵103/43/5）の承安元年（一一七一）条には、

第三日朝座（講師）、、弁清　　問者弁暁
文句第七化城品
問、大経中、五乗生界外経八六四二万十千劫文、爾是別教歟、
答、両方、疑之、若別教者、二乗成仏ハ円極仲徴也、別教意、
何二乗生界外耶、若依之爾者、一家処々尺別教耶、

と記され、「涅槃経」に説く「外教」を「別教」とするか否かについて問答がなされている。

法勝寺御八講をはじめとして、宮中や六勝寺等で勤修される論義会には、先述の通り「四箇大寺」の寺僧のみが招請され、宗を超えた論義に自宗の説を立て面目を争った。講師の天台宗弁清の講説に対し、弁暁が華厳宗の立場から「問」を投じ、講師の「答」をうけ「問」を重ねるなかで、問答を聴聞した貴族や参仕した「四箇大寺」僧は、弁暁の学識を高く評価したことであろう。そして弁暁は、相次いで最勝講・法勝寺御八講・最勝光院御八講・維摩会・法成寺御八講等の勅会を始め諸法会に出仕したが、その場において問者・講師・精義を勤仕するため、先行する諸論義における問答草を書写している。この問答を含め、後に尊勝院宗性が集成した「法勝寺御八講問答記」等は、諸宗の枠を越えて交わされる問答を記した聖教といえる。弁暁は論義会に出仕するための加行の過程で、多くの問答草を書写し、講師として問者からの「問」に対応し、また問者として講師へ新たな「問」を準備し、問答の場で面目を得ることにより、他の論義会へ招請されたわけである。

さて寿永二年（一一八三）、「五月十日、於竈神殿、為上人（重源）沙汰、令修如説大仁王会、導師権律師弁暁華厳宗、」（「東大寺続要録」造仏篇）とあり、重源が東大寺の竈殿で催した「如説大仁王会」の「導師」に請ぜられており、後に遁世を遂げた弁暁と大勧進職重源との接点を、この場にも見いだすことができる。また東大寺八幡宮の新宝殿落慶にあたり、重源のもとめにより弁暁が「心経」を講説したが、その折に撰述された「八幡大菩薩幷心経感応抄」（東大寺図書館所蔵103/76/1）には、「建久八年十月　日、於東大寺八幡宮新宝殿、

大和尚（重源）、可講心経之由被示、仍勤了、其用意也、聴聞諸人、落涙如雨、講尺之本意候歟、弁暁」との自筆奥書が記される。また本書の冒頭には、

八幡大菩薩者、実智不知辺、雖為三世救人之極聖、権化答機縁、猶為歴代護国之尊神、已照心海安危於眼前、一天人民併無不戴利益、又懸百王理乱於心中十善、聖主誰不仰玄徳乎、其中被引仏法擁護之思、忝伽藍鎮守之宗廟と被祝、被催利物結縁之誓、当寺此地ニ垂迹御之以降、社壇光閑ニシテ、四百余年之秋、已廻利生、匂芳胎卵湿化之輩、一も不漏、誠是護仏法之鴻基、安僧徒之濫觴、満願念之霊神、払夭厄宗廟了、一念傾心之者、仰貴其勝利者哉、而去治承四年之暦当テ、我大伽藍焼失之刻、宝殿同成煙、舎屋《門楼》皆化炎、

とあるように、「歴代護国之尊神」として「四百余年」にわたり「三世救人」・「仏法擁護」・「伽藍鎮護」等の効能を果たしてきた「八幡大菩薩」の「宝殿」が、治承四年（一一八〇）の東大寺焼失の中で「化炎」した経緯を語る。そして建久八年（一一九七）に重源の手で新造のなった八幡宮の「新宝殿」において、重源の要請を受けた弁暁により「心経」の「講尺」が行われ、その中で、

摩訶般若波羅密多心経

将尺此経、任講経常習、来意・尺名・章段料簡以三門雖可分別、准高祖香象大師（法蔵）御心、以五門可奉解尺之、五門者、一教興、二蔵摂経律論三蔵、三宗趣、四尺名、五解文、初教興引龍樹智論、以十種因縁、仏説此般若経、（中略）第二蔵摂、経律論三蔵中○大師尺云、三蔵之中契経、摂二蔵之内菩薩蔵、収権実教中実教所摂云々、第三宗趣、（中略）惣以三種般若文実、実相般若・観照々々・文字々々、此三都為般若経宗趣者、是只非為般若一部宗趣、惣又八万聖教・十二分教之淵底也、故此三般若之理ヲ申述テ、忝可奉添大菩薩之法楽候、先実相般若者所観真理、観照般若者能観妙恵、文字般若者詮之空教、六百軸之詮句、不越此三故、以為宗趣、

とあるように、「般若経」が諸経のなかで占める位置とその「空」の教えを説いている。すなわち香象大師法蔵述の「般若波羅密多心経略疏」により「五門」（教興、蔵摂、宗趣、尺名、解文）の視点から「般若経」を解釈する。まず「心経」の「宗趣」を、「実相般若」（「真理」を観ずる）・「観照般若」（「真理」に基づく「妙恵」を観ずる）・「文字般若」（般若の「空教」を語る）の「三種般若」とする。そして「心経」は大般若経「六百軸」の「詮句」に留まらず、「八万聖教・十二分教」の「淵底」に他ならないとする。そこでこの「宗趣」を備える「心経」を「大菩薩之法楽」に添えるため、弁暁の講説がなされたのである。

また「空」については、

又天親記主自ラハ乍存諸法実有之義、提婆菩薩ノ百論ヲメ、テ、イミシウ空義ヲ注述候、是ヲ香象大師二師中あしからぬ究竟ノ証拠ニ引テ、サハ実ニ有ハ有ヲハテ、空ハ空ニシテ可留ナル候はんするニハ、いかに諸法実有ノ宗を立候、無着・天親ノ二菩薩ハ、諸法皆

空ニ成スル、龍樹・提婆所造ノ中・百論ヲハ持成テ更尺給、

と、無着・天親・提婆・龍樹や華厳祖師法蔵等の諸師の説を掲げ「空義」・「諸法皆空」説くことにより、「聴聞諸人」に強い感動を与えたわけである。

東大寺八幡宮の「大菩薩之法楽」のために草された「八幡大菩薩幷心経感応抄」は、「心経」講説のための弁暁が準備した説草であった。

ここで神奈川県立金沢文庫保管される「弁暁草」は、弁暁が諸法会に講師・問者・精義等の職衆として出仕した際に唱えた説草を集成したものである。例えば、「花厳経王氏偈 薬王品釈意」（三三三六函五号）には、

カ、リケル時、雖一文一句、花厳経ト申ニ成ハ、利益ノ忝不可思議ナルヲ、アノ唐土ニ薬売過世人候キ、ソレカ地獄ヨリ我カ娑婆ノ子カ許ヘ事付タシ事ナト、サハカリ哀ナル事ヤハ候、此売薬人カ無期、鶏ノ子共ヲ取集ツルヲ、トリアツメテ大ナル釜ヘニ入テ、是ヲ煮ヒシキテ、メテタウキ薬ト成テ、是ヲ七百人ノ人ニクワセ候ケルヲ、此罪業力ニ被引、即鉄湯地獄之底ニ落ヌ、（中略）即其子共、香象大師ノミモトニ参リ向テ、カ、ル事コソ候ヘ、願ハ花厳経一部為写本申預テ写之、我父ノ後世ヲ助訪候ワムト申請テ、自ラ此経ヲ書始候之日、其家中上下諸人、其夜同時ニ夢見様、（中略）先世ニ殺無数ノ鶏之罪、遂不朽地獄□苦果ヲ感得セリ、今汝達写花厳経之力ニテ、欲免猛火之底、其悦之余リ、今来テ悦也ト、毎人同様ニ夢ニ告テ候シ、（下略）

と独特の語り口で、「花厳経」の「利益」に基づく地獄救済譚が語られる。また建久二年（一一九一）弁暁が草した「新熊野御八講」の表白が残されており、弁暁が出仕した多くの法会と、その中で語られた唱導の様が知られるのである。(13)

平安院政期より活躍した弁暁をはじめとして、鎌倉前期に「華厳孔目章」を講じた尊玄の教学活動にも、平安院政期から鎌倉前期において華厳宗が修学された姿が確認され、その延長上に戒壇院凝然や尊勝院宗性による多くの聖教撰述により、名実ともに鎌倉時代の華厳興隆が実現したと言える。

㈢ 智舜と三論宗

華厳宗碩学の弁暁と比肩される、三論宗の存在に智舜に注目したい。智舜は、東大寺・三論宗を本寺・本宗として、東南院に止住する樹慶から三論教学を学んだ。「三国仏法伝通縁起」巻中「三論宗」によれば、

東南院務、聖宝已後于今一十八代、顕密兼学、作宗貫首但勝賢一代唯密宗、寺中衆徒、従昔至今学三論者、並肩継踵、互奪金玉、倶諍蘭菊、永観・珍海・樹朗・重誉、並中古学英、乃智解鸞鳳也、明遍・貞敏・秀恵・覚澄、倶近代明哲、是学識玉鏡也、厥後、樹慶・智舜・快円・定春等、継踵騰旨、不可勝計者也、

とあるように、東南院々主を「貫首」とする三論宗から多くの碩学が輩出されたが、特に「中古学英」として永観・珍海・樹朗・重誉、「近代明哲」として明遍・貞敏・秀恵・覚澄についで、三論教学を

継承する樹慶・智舜・快円・定春が列記される。近年の碩学としてその法名を掲げられた智舜は、三論宗の興隆に大きな足跡を遺した[14]。

東大寺戒壇院の再興開山である円照上人は、「大乗義学、宗在三論、随智舜大徳、獲入宗旨、随真空上人、深領意致、舜公三論英匠、研尋究賾、与良忠・聖禅義解諍鋒、三人並是東大寺之学徳、馳名遐邇、飛誉古今、樹慶三論、舜公伝旨」(『円照上人行状』巻上)とあるように、三論宗を本宗とし、「三論英匠」である智舜から教学を学んだが、智舜は良忠・聖禅とならぶ「東大寺之学徳」との高い評価を与えられていた。また円照のみならず、その弟子である禅空房如性・本妙房見塔・道明房照源等も「随智舜上人受学三論」しており(同前巻中・下)、東大寺僧のみならず「七大寺学侶」に対しても三論教学を講説していた。

ここで鎌倉時代にわたる智舜の教学活動を追ってみたい。まず智舜による三論教学への関わりの一端を示す論義草である「春花略鈔光明山集」(東大寺図書館所蔵113/192/1)に注目してみたい。本書は、文中識語に、

写本云、嘉禎二年七月晦日、恵日鈔之内、貞禅僧都抄之外論義抄出之畢、為東南院毎日講問者也、

三論沙門智舜記之、

とあり、嘉禎二年(一二三六)智舜が東南院毎日講の問者を勤めるため、「恵日鈔」に掲げられた「貞禅僧都抄」を始めとする「論義」(問答)草を抄出し、「春花略鈔」(以下「光明山集」)とした。なお識語中の「三論沙門智舜」との表現から、本書の撰述は光明山寺へ遁世する以前であったと考えられる。また本書の奥書には、

徳治二年九月下旬、以先師《(智舜)》上人自筆之本加書写之了、

沙門聖然(花押)

として、徳治二年(一三〇七)智舜の弟子である新禅院聖然が、「先師上人自筆之本」たる「光明山集」を書写し、その末尾に自ら「宗問題」を「四十五条」加えて「春花略鈔之余」(以下「春花略鈔」)を編述し、その元本を撰述した智舜に因み「光明山集」との副題を添えたのである。

さて本書の四丁に、

問、(朱筆)『承元四年御斎会一番公性已講山問頼恵東』宗家依大集経意、列六種堅固時、多聞堅固先、三昧堅固後也云々、見経文、三昧前、多聞後也云々、況彼経中説五種堅固、未説六種堅固、如何、中疏一、大集第九月蔵分、禅那科在之、

答、今尺雖違本経説、大師高覧非現行本歟、但至不説六種堅固難者、従是以後於我法中等文、是非第六堅固耶、

との問答が掲げられる。承元四年(一二一〇)宮中御斎会における番論義において、講師の三論宗頼恵(東大寺)と問者の天台宗公性已講(延暦寺)との間に交わされた問答が記である。問者の「問」(難)として、吉蔵は「中論疏」第一において、「大集経意」に基づき、仏滅後の五百歳毎に、修道の段階として「得道堅固」・「多聞堅固」・「三昧堅固」・「塔寺堅固」・「闘諍堅固」・「愚癡堅固」の「六種堅固」を並べて「三千年」とした。このなかで「多聞堅固」が「三

昧堅固」の前に位置しているが、「大集経」第九を見ると、仏滅後に「解脱堅固」・「正法禅定三昧得住堅固」・「読誦多聞得住堅固」・「多造塔寺得住堅固」・「闘諍言説白法隠没堅固」の「五五百歳」にわたる「五種堅固」が説かれているものの、「六種堅固」が説かれることはないが、これを如何に考えるかと問う。これに対し講師の「答」として、「六種堅固」とする「今尺」は、「大集経」の説とは異なるが、吉蔵の「高説」の論拠は「現行本」とは異なるのではないかとする。ただし「六種堅固」を説いていないとの「難」については、「大集経」中の「従是以後於我法中」等の文は、正に第六の「堅固」を示していると反論する。

「光明山集」に収載された「問」・「答」には、その冒頭に問答が交わされた法会の年号・法会名と講師・問者名が掲げられ、その後に「問」・「答」の唱文と、その問題の出拠となる疏釈名が付記されて一単位とされ、本書全体では「已上百四十七条」が列記される。収載された問答が催された論義会は、宮中・仙洞等を道場とする二間仁王講・最勝講・御斎会番論義や、洛中洛外の諸寺における法勝寺御八講・尊勝寺御八講等、過半が公家を本願とする論義会であった。そして嘉禎二年（一二三六）三論宗僧であった智舜が、東南院毎日講の問者を勤めるため、「恵日鈔」に掲げられる「論義」（問答）草を抄出した「光明山集」は、「四箇大乗」相互による勅会の論義に出仕し自らの学識を顕示するとともに、宗僧としての面目と宗の興隆を高く掲げることを強く意識したものであった。

智舜が光明山寺に遁世した年次は明らかではないが、少なくとも「光明山集」を撰述した嘉禎二年（一二三六）以降のことである。「伝律図源解集」巻下の「真言院・新禅院之事」項には、

東南院僧智舜尊良房竊起再興之願、為築々地立真言院南方垣形之処、別当法務内大臣法務定親自新院被入堂之時、依便宜悪鋪、仁治四年九月五日、忽取捨件垣形畢、依此妄執、智舜上人即令籠居光明山畢、中道上人深為断向後之煩、所申請別当等去状也、彼智舜上人者、依一旦之怨望、令隠遁為律宗交衆戒壇院、

とあり、東南院に止住する智舜が真言院再興の願念をもち、同院南に「垣形」を立てたという。ところが仁治四年（一二四三）別当定親は、入堂儀式の「便宜悪鋪」きが故に、「垣形」を破壊したため、定親に対し「怨」をもった智舜は遁世して光明山に入り、「律宗」として戒壇院に「交衆」したとの説が見られる。「東大寺別当次第」によれば、仁治二年（一二四一）に「三論宗兼真言宗」の定親は東大寺別当に任ぜられ、「寺務廿年」に及んだ。そして智舜遁世の真の理由が奈辺にあるかは明言できないが、仁治四年（一二四三）に遁世を果たしたとの説に暫くよることにする。

ここで「円照上人行状」巻中に、

覚静房道然、和州人也、稟性聡敏、律学有功、本住海龍王寺、聴禅恵上人講律、後就智舜上人、習学三論、正嘉元年、聖守上人請光明山智舜上人、於知足院令講中論疏、諸方学侶住戒壇院、聴彼講談、乃海龍王寺照寂房・證禅房・浄禅房後移法相、・覚静房、白毫寺入円房・実教房、當麻寺生観房満願房ノ弟子、浄土ノ学者、又有観聖房唯心者、本良遍法印弟子、学法相宗、兼聴三論、即住戒壇院也、

として覚静房道然の事跡が記され、その中で智舜より「中論疏」を初めとする「習学三論」したとされる。正嘉元年（一二五七）に聖守は「光明山」に遁世していた智舜を請じ、東大寺知足院において「中論疏」の講説を催している。この場には寺僧のみならず、海龍王寺・白毫寺・当麻寺等、寺外諸寺・諸宗の僧侶が、戒壇院に止住しながら知足院に通い智舜の「講談」を聴聞した。

また同じく「円照上人行状」巻中に、「文永六年己巳、請光明山智舜上人、於戒壇院令講三論、住持僧衆七十許人」として、智舜は戒壇院に請ぜられ「中論疏」を講説し、その場には戒壇院に止住する「七十余人」が参仕しており、同院において「三論」が積極的に修学されていたことが知られる。そして光明山寺に遁世した智舜は、戒壇院・知足院等において「三論」教学を講じており、ここに三論教学の修学・相承への遁世僧の重要な関わりが見いだされる。

さらに「東大寺続要録」仏法篇の「三面僧房法花義疏談義事」には、

当寺建立之後、雖被崇八宗之教法、天台・法相削名、三論・花厳纔弘、其中於三論宗者、尋本院(東南院)之学窓、僧正(聖宝)隠遁之後、伝法永絶、訪新院之論場、院家破却之間、談義呑声、法輪已止、宗教欲廃、因茲且為伝三論之宗旨、且為弘一乗之教意、嘱請智舜大徳、令始義疏談義、即於三面僧房四聖院、首尾百余日、義疏十二巻精談事畢、即法花一巻疏披講終功之刻、当巻論義、或四帖、或八帖、出其問題、令修講行、凡談義之場、問答之筵、一宗之難義悉詳、八軸之大綱忽顕、智舜大徳即列梵筵、令證義了、談義衆中、殊尽稽古之志、専積讃仰之功、実誉・快円・定春等成業也、依之修学尽誉、碩才揚名、偏是伝法之力也、

于時文永元年五月十九日始之、沙門聖守勤行之、

として、「三論之宗旨」の興隆を図るため、文永元年（一二六四）に「三面僧房法花義疏談義」が創始された経緯が記される。前述した通り、東大寺東南院は三論宗本所（「本院」）として三論教学の相承を支えた。しかし東南院の「伝法」が断絶したため、三論再興を意図する別当定親により、仁治三年（一二四二）「新院」（新禅院）が創建され、その「論場」において「新院談義」が創始された。しかし新院は建長八年（一二五六）興福寺西金堂衆により破却され、定親の入滅もあり再建されることはなかった。そこで円照上人の実兄でもある聖守は、西南院の房舎を移して新院の再建を図るとともに、智舜を請じ「中論疏」の講談を催したのである（「東大寺続要録」諸院篇、「伝律図源解集」）。そして廃絶した「新院之論場」（新院談義講）を再興し、「三論之宗旨」の伝持を掲げ、智舜を請じて「法花義疏談義」が創始された。三面僧房「四聖院」において「百余日」にわたり、智舜による「義疏十二巻」の「精談」を踏まえ、「法花一巻疏」の講談結願ごとに、「問題」を提して「問答」を催したもので、智舜は「談義」のみならず、「問答」に「證義」としても出仕した。

このように東大寺における三論宗相承を実現するために創始された「三面僧房法花義疏談義」において、遁世した智舜が「論場」において中核的な役割を果たし、教学興隆を実現したわけで、遁世僧は別所のみならず本寺を拠点として、自らの本宗を含め幅広い教学活動を行い、寺僧の修学を積極的に支えた。前述した論義会における論義草の他に、その撰述にかかる聖教として「大乗玄第一私示」

（東大寺図書館所蔵123/65/1）が知られるのみであるが、平安院政期から鎌倉中期にわたり、寺僧として、遁世僧として、一貫して三論教学の興隆に尽力した智舜が、凝然からも碩学として高い評価を受けたことは首肯できよう。

「光明山集」を撰述した寺僧としての智舜と、戒壇院・知足院において「中論疏」を講説する遁世僧としての智舜の間に、教学活動の上で断絶は見られず、継続的に独自の仏道修行を励むなかで、三論教学の興隆を図ったわけである。智舜が三論講説を行った戒壇院・知足院は、寺内にありながら遁世僧（律僧）が止住する律院としてあり、これらの院家を会場とする三論講説を遁世僧の智舜がになったことは納得できる。そして智舜・聖禅という遁世僧が、勅会出仕を強く意識した聖教類を編述する一方で、寺内律院において三論講説を行うという形で、遁世僧によって三論宗の教学興隆が支えられたという一面は注目すべきことである。

おわりに

本論では、平安時代の東大寺において、寺家存続の拠り所としての由緒に注目し、その由緒を社会的に支える寺院社会の組織と、宗教的に支える教学の受容・相承という二側面から、時代的な特質について検討を試みた。

まず社会的な側面では、平安前期に寺内に登場した東大寺別当が、奈良時代より寺家の運営をになってきた三綱を配下に収め、新たな寺家経営の組織とした東大寺政所の成立と、その具体的な機能の一面を確認した。また寺内に止住した寺僧の集団は、創建期に「宗」組織のもとで編成されたが、平安前期には「大衆」・「衆徒」という集団性を意識した僧団としてのまとまりをもつことになり、意思決定の場としての集会と、集会を招集する僧団の代表者としての五師により、僧団の運営がなされた。なお院政期に、僧団はその内部で学侶・堂衆に分化し、この寺内階層は近世末まで維持されることになる。また寺僧の集団は、全体として僧団としてのまとまりをもつとともに、個々の寺僧は寺内止住の場を三面僧坊・堂僧坊や院家に得たが、この僧坊・院家は寺僧の仏法相承を支えるとともに、寺僧集団が再生産される拠点となった。このように寺家経営の組織、集団的な意思をもつ僧団の形成、そして寺僧が寺内止住し仏法相承するための院・坊が、東大寺と寺僧集団の存続を支える社会的な条件となったことが確認される。

次いで宗教的な側面から見るならば、奈良時代に東大寺の仏法として確立した「六宗」は、平安前期には天台・真言が加わり「八宗」となり、寺内に創建された諸院家を拠点として相承された。「八宗兼学」の道場としての東大寺では、本朝に伝来した仏法は全て伝持されるとの認識が寺僧集団のなかに広まった。

ところで東大寺の仏法である「六宗」・「八宗」とは別の次元で、寺僧は自らの覚悟の術、つまり信心の拠り所を真言密教と浄土教に求めた。真言密教であるが、空海による東大寺真言院の創建により、真言宗を相承する院家が寺内に生まれた。この真言院が廃絶した後、真言宗を三論宗との兼学により相承する意図をもって、聖宝により東大寺東南院が創建された。平安前期に創建された真言院、平安中期に創建された東南院において真言宗が相承されたが、その過程で真言密教こそ「仏性」を覚るに最上の教えであるとの認識が寺内に定着し、寺僧の仏法修学の中で確固たる位置を占めた。

また浄土教は、その本源が奈良時代以前に求められるものの、一宗が立てられることなく、「六宗」のいずれかを本宗とする東大寺僧の信心の拠り所となった。寺僧にとって浄土教への帰依は、極楽往生への願いに基づくものであるが、その実践は日常的な修学活動や法会出仕の中では果たしがたいものがあり、ここに別所への遁世という選択肢が生まれた。平安院政期に三論宗僧である永観・重誉等が、念仏修行のため別所である光明山寺に遁世し、その場で撰述された永観「往生拾因」、重誉「西方集」、珍海「決定往生集」等はいずれも浄土教に関わる聖教としてあり、その影響は別所から本所たる東大寺へ、更には寺外に及ぶことになった。なお法然の浄土宗立宗後も、東大寺を初めとする南都諸寺の浄土教は、専修念仏とは一線を画して相承された。

さて「八宗兼学」の道場としての意識を継承する東大寺にあって、実質的に寺僧の多くが本宗としたのは華厳・三論両宗である。平安院政期に公家が催す顕教の勅会には、「四箇大乗」（天台・法相・華厳・三論宗）を相承する「四箇大寺」（延暦・園城・興福・東大寺）の寺僧のみが招請された。公家が「四箇大乗」・「四箇大寺」を顕教の諸宗・諸寺の頂点に置くことにより、必然的に華厳・三論両宗を継承する東大寺は、寺院社会において優越した立場を占めることになった。東大寺にとって華厳・三論両宗の相承は、自らの由緒とともに、寺院社会における高い寺格を保証される条件ともなり、寺僧の多くが本宗としたことも納得できる。そして華厳宗は尊勝院、三論宗は東南院が、本所として寺内外の両宗僧を統括したわけである。

この華厳・三論両宗が寺内で如何に修学・相承されたかを検討する上で、華厳宗の弁暁、三論宗の智舜という、いずれも平安院政期から活躍した碩学に注目した。弁暁は尊勝院々主として鎌倉前期には東大寺別当を兼ねた華厳宗僧であり、その「能説」は寺内外で高く評価され、最勝講・法勝寺御八講・維摩会・季御読経等の勅会に招請され、講師・問者等として華厳宗の立場から問・答に関わった。これら論義会における問・答とは別に、東大寺八幡宮新宝殿落慶において弁暁による「心経」講説が催され、講説・論義等で唱えられた説草は「弁暁草」として伝来する。華厳宗の興隆を実現した弁暁は、「能説」に相応しい論義と講説を勤修するなかで、多くの論義草と説草をのこしており、鎌倉後期における戒壇院凝然や尊勝院宗性による華厳宗興隆の素地をなしたと言える。また三論宗の智舜は、東南院に止住する宗僧として、「春花略鈔」（光明山集）等の論義会における問・答の唱文を類聚し、宗僧の修学に資するとともに、光明山寺に遁世した後も、遁世僧の立場にありながら、本寺の律院たる戒壇院・知足院等において三論教学の講説を催し、三論興隆の基礎をなした。このように華厳・三論両宗の教学は、論義と講説という場と、論義草・説草という聖教を拠り所に、近世末まで東大寺の仏法の柱として相承された。

平安時代の東大寺では、奈良時代以来の経営組織と「六宗」の継承を基礎に、新たに、寺家経営の組織整備、僧団の編成、院家の創設という、寺院を存続させるための基本的な条件が整えられた。この組織的な整備のもとで、真言密教と浄土教という寺僧の覚悟に直接に関わる仏法が受容されるとともに、「六宗」の中で華厳・三論両宗が果たした、東大寺の仏法と寺格を維持する重要な役割は、平安時代のみならず中世を通して変わることがなかった。更に華厳・

三論両宗における教学受容のための論義と講説が、鎌倉時代より江戸時代にわたり継承されたことは、東大寺に伝来する膨大な聖教が物語るところである。すなわち平安時代の東大寺において生まれた組織と教学が、鎌倉時代以降にも継承されたことは言うまでもない。そして平氏による焼打後の東大寺が、公家・武家の外護を得たとは言え、堂塔再建と教学再興を着実に実現し得た基底には、平安時代に確立した寺家経営の組織と僧団、教学活動の体制があったわけで、中世東大寺の組織と教学は、平安時代とりわけ院政期において、その骨格が形作られていたことを再確認しておきたい。

（ながむら　まこと・日本女子大学教授）

註

（1）　東大寺別当の補任と政所の構成については、拙稿「東大寺別当・政所の成立」（『中世東大寺の組織と経営』第一章第一節）参照。
（2）　註（1）参照。
（3）　東大寺別当が、常住僧から寺外「散住」僧に移行する現象については、拙稿「東大寺別当・政所の変容」（『中世東大寺の組織と経営』第一章第二節）参照。
（4）　東大寺の僧団については、「寺内僧団の形成と年預五師」（『中世東大寺の組織と経営』第一章第五節）参照。
（5）　註（4）参照。
（6）　東大寺における院家の成立とその機能については、拙稿「「院家」の創設と発展」（『中世東大寺の組織と経営』第一章第三節）参照。
（7）　寺僧の階層分化については、拙稿「寺内諸階層の形成」（『中世東大寺の組織と経営』第三章第一節）参照。
（8）　堀池春峰氏「弘法大師空海と東大寺」（『南都仏教史の研究』上　東大寺篇所収）参照。
（9）　五獅子如意の社会的な機能については、拙稿「法会と文書―興福寺維摩会を通して―」（『中世寺院史料論』Ⅱ部第一章）、高山有紀氏「中世南都の寺院社会と僧具」（『比較文化学の地平を拓く』所収）参照。
（10）　東大寺における真言宗の相承と「密衆」の存在については、註（7）及び拙稿「「真言宗」と東大寺―鎌倉後期の本末相論を通して―」（黒田俊雄氏編『中世寺院史の研究』下所収）参照。
（11）　「南都仏教」の実相については、拙稿「南都仏教史再考」（『論集　鎌倉期の東大寺復興』所収）参照。
（12）　「四箇大寺」・「四箇大乗」については、拙稿「中世寺院の秩序意識」（『日本宗教文化史研究』一〇―一）参照。
（13）　「弁暁草」の全貌については、神奈川県立金沢文庫編『尊勝院弁暁説草』（勉誠出版刊）参照。
（14）　平安時代の三論宗については、島地大等氏『日本仏教教学史』、鎌倉時代の三論宗については、平井俊栄氏「鎌倉時代の三論教学」（「金沢文庫研究」二六七号）、拙稿「鎌倉時代の東大寺三論宗」（「史艸」四〇号）、拙稿「論義と聖教―「恵日古光鈔」を素材として―」（速水侑氏編『院政期の仏教』所収）参照。

全体討論会
「平安時代の東大寺―密教興隆と末法到来のなかで―」

平成二十四年（二〇一二）十二月九日

進　　行　木村　清孝（華厳学研究所・鶴見大学）
パネラー　永村　眞（日本女子大学）
　　　　　山岸　公基（奈良教育大学）
　　　　　谷口　耕生（奈良国立博物館）
　　　　　横内　裕人（文化庁）
　　　　　近本　謙介（筑波大学）
　　　　　金　天鶴（韓国・金剛大学校）

司会　それでは、討論会を始めさせていただきます。

今回「平安時代の東大寺―密教興隆と末法到来のなかで―」というテーマを掲げておりまして、永村眞先生に基調講演をいただき、また、現在登壇されている先生がたの研究報告等を頂戴いたしました。それを受けて、ただいまから総合討論の時間に入らせていただきます。

進行は、木村清孝先生にお願いいたしております。木村先生は鶴見大学の学長をしておられますが、東大寺では東大寺華厳学研究所の所長、またＧＢＳにおきましては顧問を務めていただいております。

それでは、木村清孝先生、進行のほう、よろしくお願いいたします。

木村　ご紹介をいただきました木村でございます。

ただいまお話がありましたように、今回は「平安時代の東大寺―密教興隆と末法到来のなかで―」というテーマです。平安時代は、ご存じのように、ほぼ四百年に及ぶ長い時代ですが、こういう、たいへん大きな題を掲げまして、このシンポジウムを進めております。

これまで先生がたには、さまざまな角度から充実したご発表・ご講演をいただきました。この総合討論では、今回のザ・グレイトブッダ・シンポジウムにおけるご発表が、参加者みなさまの頭の中で整理ができ、全体がつながるような形で締めくくりができたらいいなど思っております。ご協力をよろしくお願いいたします。

それでは、限られた時間の中でのご発表・ご講演でしたので、まずは先生がたのほうで言い足りなかったこと、あるいは補いたいこと、あるいは訂正をしておきたいといったことなどがあれば、五分内外でご発言をいただきたいと思います。

まず、永村先生、いかがでしょうか。

永村　たいへん駆け足でお話ししましたので、伝えきれなかった点について付言させていただきます。私は、東大寺さんの史料を長年にわたり調査をさせていただき、特にその多くを占める論義関係の史料を分類するなかで気がついた、注目すべきいくつかを簡単に述べたいと思います。まず論義問答草、論義草、問答記等と言われる、問答の内容を記した史料、それらは基本的に下書きをそのまま写したものではなく、聞いた人ごとに記録しているわけで、各々で記述は少しずつ違います。また問答の、「問」と「答」の内、当然ながら「答」が重視されていると思っていたのですが、どうもそうではない。講師と問者による講問論義を記す問答草では、講師の説に対する問者の「問」、つまり実は何を疑問として呈するかが注目されます。そこで論義に出仕する学侶は、どのような「問」を投ずるかに関心をもち、先行する論義草を探し求めて書写するのです。講問論義は年長の講師に対して、年の若い学侶が「問」を投げかけ、教えを請うという形をとるわけですが、そのときに講師が議論のなかで問い詰められていくと、その問者の学識が高く評価されることになります。学侶の修学活動の中で、先学の主張のどの部分に切り込めば新しい解釈が可能かにこだわって問答草が作られます。つまり問答草を集め、特に多くの「問」を集めることにより、教学の重要な切り口を発見できるのです。また問答草は教学活動に直結するわけで、実際に論義に出仕する学侶のみならず、多くの学侶が問答を書写したのは、問答草の中に教学の要諦を学ぼうという意図があったからだと思います。

もう一点、唱導に注目したいと思います。法会にあたり唱えられる「表白」等は、聴聞する僧俗に法会の趣旨を語り職衆の能力を示すわけで、理解しやすい文章であれば、唱導の達人との評価が与えられます。東大寺に伝来する華厳宗関係の聖教と、金沢文庫が保管する称名寺伝来の華厳関係の聖教を比較すると、称名寺には問答草が少ないかわりに、表白等の説草類が多いことに気付きます。つまり説草を拠り所にして、鎌倉に新しい仏教潮流が生まれ、新たな法会を展開するという実像が見えてくるのです。この説草と論義草を、寺院社会における修学と教化を語るうえで不可欠な素材と考えた次第です。

さらにもう一点、浄土教と密教を取り上げました。修学活動のなかで、南都六宗もしくは八宗が継承されたことは当然として、それらを学ぶ僧侶自らの悟り、自らの救いという信心の部分は、寺院社会に当然あってしかるべきものです。僧侶が悟りをどのように得るかに悩み、それに応えたのが密教であり浄土教であったということです。南都の東大寺や興福寺において、浄土教や密教が根深く浸透し継承されていった理由の一つが、ここにあると考えます。

付け足しですが、親鸞はその書状で、「真実信心をもてば弥勒と同じ」という表現を使います。要するに「生きたままでも、往生を約束されたあなたは弥勒と同じだ」と言っているわけです。親鸞の教えによれば、来迎や臨終を待つ必要はなくなります。その教えに対しては批判がありまして、親鸞の教えは即身成仏を掲げる密教とどこが違うのだと。この批判をうけて親鸞が答えるには、密教は自力であり、真実信心・正定聚は他力であると反論していますが、実は浄土教・密教が寺院社会にも根づく一つの要因を、このようなやりとりの中に見出されるのではないかと思いました。

木村　ありがとうございました。たいへん興味深いご指摘を種々いただきました。その中の「問答」の問題ですが、みなさまの中には、仏教の世界での問答ということで、すぐに「禅問答」という言葉を思い出され、なにかわからない、謎めいたやりとりだと片づけられてしまう方もいらっしゃるかもしれません。しかし、実は、初期の禅問答は、非常に切り詰めたというのか、真剣勝負のような形で行われていました。特に、問いは、それを受けた師のほうは、それをどう受けとめ、その問いを発した弟子をどう見抜くかというのが問題です。他方、弟子のほうから言えば、師匠にぎりぎりのところで何か大きな示唆を得たいという、強い思いがあってぶつかっているわけです。そういう性格をもつ問答が、非常に難しいと言われる華厳教学の中でも重要な意味を持っていて、その中で、問答そのものも変化していく、論議も変化していくということですね。このことを私も心に留めたいと思いました。

それから、先生は、僧侶自身の、修行者自身の問題としての救いとかさとりとかということに言及されました。この点は、突き詰めれば、宗教は個の問題に帰っていくことでしょうか。しかし、同時に注意すべきことがあります。たとえば華厳教学の場合、賢首大師法蔵の教学というのは、ものすごくきれいな形で、哲学的、体系的に完成されています。しかし、その分、われわれ凡夫の身近な教えにはなかなかなりにくい。そこで、教学自体がその後、澄観、宗密へと展開していく中で、変化していきます。そして、その変化を示すものとして、禅の実践の方法が、主に取り入れられます。これに似たようなことが、ほかの宗派でも教学の変化として現れてくるという面もあるのではないかと思いました。

では次に、山岸先生、何かありましたら、おっしゃってください。

山岸　失礼いたします。昨日の発表では、画像を後半でお見せする予定で、初めに急いで、図像・形式・様式というような話をしたのですけれども、それと最後の方の話がどういう脈絡になるのか、といったところがやや舌足らずで申し訳ございませんでした。いろいろとご質問・ご感想もお寄せいただいておりますので、後ほど個別にもお答えしたいと思いますが、いま少し、昨日お話しした内容を補って、私の考えを述べさせていただきます。図像・形式・様式と言われるような区分は、目に見えている全体をどう整理するかということで、「かたちのきまり」を「図像」、「かたちそのもの」ないし「細部におけるかたちの傾向」を「形式」、「(多くの場合全体的な) かたちの傾向」を「様式」と呼んで整理してみたのですが、それと完全に整合するかどうかはともかく、実際に作られた場に即して考えるならば、次に述べるような傾向があるだろうと私は思っています。「図像」というのは、たとえば、仏教尊像であったら、ある手印であるとか、あるいは持物であるとか、それは、事相といいますか、お坊さまと、彫刻家なり画家なりとの関係で決まってくるところがあります。それに対して、「形式」すなわち「かたちそのもの」ないし「細部におけるかたちの傾向」というのは主に彫刻家や画家にゆだねられていて、産み出される際には非常な工夫があったのでしょうが、一度確立するとルーティンワークとして継承されてゆく性格を持っているのではないかと思うわけです。一方、「様式」、「全体的なかたちの傾向」というのは、その像にどういうリズムを産み出そうとか、どういったプロポーションにしようとか、彫刻家・画家の表現意欲などに関わってくるというふうに考えています。

そういう意味で私の報告は、結論として、「奈良・弘仁寺の持国天・増長天立像」という題目ですから、弘仁寺の持国天・増長天立像には、どういった様式的・形式的な特徴・傾向が見受けられるかということでお話を諦めなくてはいけなかったのです。しかし、少々せき込んだりしてしまって、そのあたりが雲散霧消してしまいました。今それを補わせていただくと、私の考えとしましては、弘仁寺の持国天・増長天立像という仏像彫刻、これは十世紀初めの基準作で、十世紀初めには、こういう彫刻が奈良周辺で行われていたという実例です。様式的には、奈良という一地域が、九〇〇年代初めまで、奈良時代盛期の神将形像の特徴を非常に豊かに伝えていたことが見てとれます。東大寺さまには今も、すばらしい奈良時代盛期の仏像彫刻が数多く遺るわけですけれども、その数倍、数十倍、数百倍というような規模で伝えられていた。そこが平安京と大きく違うところで、ですから、そういった奈良時代盛期の奈良の神将形像の復古的な性格が強いのだろうということです。だから、これは、平安京域で九世紀になって確立してゆくほぼ同時期の神将形像とは様式的に一定の距離があります。全体に及ぶところでは、甲の縁が薄く、弘仁寺持国天・増長天像の場合は身体に密着して、その結果、肉体の起伏であるとか、あるいは運動感の表現も増して、より明瞭に見受けられるというところに、奈良時代盛期以来の伝統を引く様式的な特徴があるであろうということです。

そして、昨日は触れなかったのですけれども、ご質問もいただいているので、また時間があればお話ししたいと思いますが、弘仁寺の持国天・増長天像は、東大寺と関連する工房で造られたと考えられ、したがって、十世紀末から十一世紀にかけての東大寺関係の造像においても、その様式がある程度受け継がれてゆくという意味で、一回きりのことではなくて、ある波及力を持っていたと考えられます。意見が分かれるところでしょうが、聖宝というお坊さまに関連して、弘仁寺の持国天・増長天像に触れたわけですけれども、聖宝の創建になる醍醐寺の草創期の仏像も、どうも平安京域における清涼寺(棲霞寺)の仏像など、東寺講堂の仏像群などから連なってゆく流れとは一定の距離があるように思っております。ことによると、聖宝の場合南都との関係が非常に深い方ですので、醍醐寺草創期仏像の場合、南都の仏師によって造られるということもあり得るのかもしれないと考え、最後に醍醐寺の大威徳明王像の面部を、弘仁寺の持国天像の面部と比較してみました。

「様式」面ではそういった位置づけになり、「形式」面、これは「かたちのきまり」であってお坊さまが指導する「図像」に該当するとは思いませんけれども、片足を踏み上げる姿の神将形像において、一体の邪鬼をその下に配するときに、うつ伏せの邪鬼とあお向けの邪鬼というふうに変化をつけるという、いわば彫刻家の作法が、奈良時代盛期、東大寺戒壇院の四天王像中の持国天・増長天像などには、もうすでに確立していて、それが、奈良の地で一定の伝統を形成していたのでしょう。弘仁寺の持国天・増長天像にも同じ特徴が見られるので、様式的な見地、形式的な見地ともに、奈良風が強くその後に一定の波及力が見られる、特徴的な、東大寺と関連する十世紀初頭の彫刻であると、そういう位置づけを述べたかったのですが、きのうは少々言葉足らずでしたので、いま結論的なことをお話しさせていただきました。

木村　どうもありがとうございました。先生のご発表の内容が、ただいまの補足としてのお話で十分に理解されるとともに、おそらく、ご質問にも、もうすでに答えていらっしゃるような感じもいたします。

次に、谷口先生、よろしくお願いいたします。

谷口　では、若干補足させていただければと思います。

昨日は、倶舎曼荼羅に描かれる諸尊におもに奈良時代の図像を採用した背景として、倶舎三十講という儀礼の問題について、若干考えさせていただきました。何人かにご指摘を受けたことでもあるのですが、いちばん肝心の倶舎曼荼羅がいつ作られたのかということに言及していませんでした。漠然と平安時代の絵画であるという奈良国立博物館所蔵の十一面観音像などと比較しながら、説明をさせてはいただいたのですけれども、決定的にいつなのかということについてはお話ししておりません。これまでの研究では、東大寺の倶舎学を引っ張ってきた覚樹周辺で作られたということが有力であるということで、覚樹が亡くなる前、ということは、一一三〇年代より以前に制作されたという、漠然とした認識の中で語られてきていました。それを様式的に決定的に、十二世紀のどこにおけるかという議論が、具体的になされてきたわけではないように思われます。私自身も、奈良の十二世紀の作例というのは、ほぼ倶舎曼荼羅以外、皆無と言ってもいいぐらい、具体的な基準作というものが残っていない中で、その位置づけを明確に言うことは難しいのです。けれども、いずれにしましても、あれだけ忠実な図像を写し取ることができた、特に大仏殿の六宗厨子、あるいは戒壇院の厨子扉絵から写すことができたということで、治承四年、一一八〇年以前であろうということはわかります。画面形態、あるいは彩色など、時代、十二世紀の中でもそこまで下がらないのではないかとは思うのですけれども、およそ十二世紀の半ばあたりを考えておりました。

その倶舎三十講という法会で、珍海というかたが、倶舎に関する重要な書物を残されておりまして、かなり早い段階で、一一二〇年代にも、そういうことに関わっていたということがうかがわれます。しかし、その珍海が、その倶舎曼荼羅の手本になった、法華堂根本曼陀羅の修理にかかわっているということで、あるいは以前から議論されている、珍海自身が倶舎曼荼羅を描いたのではないかという議論も、きのうはそこまで言及はしませんでしたけれども、積極的に考えるべき部分もあるかもしれません。

ただ、私がいちばん疑問に思っていることは、法華堂根本曼陀羅の裏書きに、東大寺別当の寛信が記したところによれば、当時すでにいつ描かれたのかもわからないという、縁起由来のようなものが失われた状態だったのではないだろうか、ということです。むしろ法華堂根本曼陀羅の修理のときに、同じく東大寺の印蔵の文書類を寛信が整理しており、そのときに新たに再評価されたというか、見出されたようにも考え得るのではないかと思っております。ということは、この一一四八年に珍海が、初めてそういう縁に触れ、新たに法華堂根本曼陀羅を再評価していくという機運が生まれたのではないかというふうに思っており、一一四八年以降の、十二世紀半ばあたりを制作時期として考えております。むしろ、倶舎三十講が始まった当初から、あの絵が本尊だったということが言えれば、かなり時代が上がり、十二世紀も、そうとう遡ることになるかと思うのですけれども。当面はそういうことを考える次第でございます。

やはり、いつ作られたのかということは、もっとも重要なところではあるのですけれども、現状では若干ぼかした形での研究になってしまいましたことをお許しください。

木村　はい、ありがとうございます。制作年代について、たいへん明確なお話をしていただきました。

では、横内先生、どうぞ。

横内　私の報告は、かなり宗と院家ということを強調してしまったきらいがございました。実は最後にも、ちょっと申し上げたのですが、その院家の発展とともに、大衆組織というものが同じく力を持っていくということは言われております。それを押し進めていくのが、きょうも何回も名前が出てきました永観という別当でした。百口つまり百人の学生を設置したのです。その東大寺の学僧のフルメンバーと言いますか、そういう人たちは、永観によって選ばれて、それで寺内で勉強し、昇進をしていくということなのですが、それを書き上げたのが、きょうお配りした史料Yで、こちらを最初にご覧いただければよかったのですけれども、史料Yには、永治元年の「東大寺牒」というふうに書いてあり、東大寺という一種の法人が、大教院に対して発給したものでございます。そこにずらずらと名前を書いているその人たちが、まさにフルメンバーの百学生という人たちです。その名前の最初のところに、権都維那から七人ばかりあとに上座大法師というのがありますが、そこまでが、事務方の役人なのですが、そのあとに「学衆」とあります。後に名前が有名になるような学僧もいますが、二ページ目に行きまして、二ページ目の上段の中ほどに「得業」というのがございます。きょう、触れました維摩会の竪義を遂げた人たちが、この得業と呼ばれる位に進まれます。ですから、東大寺のこの永治元年の段階では、これだけの得業、竪者、竪義の遂行者がいたということで、そこそこの人たちが名前を連ねているということになります。そして、その二ページ目の下段の最後の方から「五師」と呼ばれる僧団のリーダーの名前が出ております。五師と言いながらも、六人の名前があります。そして、そのあとに「三会已講」とありますが、こちらは、維摩会で講師を勤めた人たちです。三人名前があります。調べてみますと、これ以外に数人が、当時、生きてはいたようですけれども、ここには名前が挙がっておりません。そして、「僧綱」といった人たちで、一人だけが書かれております。

これが当時、東大寺で実際に学侶として活躍していた人たちの名前なのですが、言うまでもなく、こちらには華厳も三論も両方の宗派の学僧が入っており、東南院それから尊勝院で培った教学を、こういったまとまりの中で、谷口さんからもご指摘された倶舎三十講のような、二つの院家から超越した形で、両方をひとしなみに扱える立場のところで、教学活動をしていたのではないかというふうに思われます。ですから、今後はやはり、そういったところの研究を進めていく必要があるのだろうというふうに感じました。

木村　どうもありがとうございました。次に、近本先生、何かございますでしょうか。

近本　はい、どうもありがとうございます。それでは、できるだけ端的に、二、三の点について簡単に補って終わりたいと思います。さきほどの時間で、少ししゃべり残したかな、まとめ残したかなと思うことですが、一つは、宗派を越えた動き、汎宗派性ということを最初に掲げていながら、最後まであまり言及できませんでした。本日取り上げた、平安時代でも院政期のあたりの問題を考えるうえで重要だと思いますのは、白河院や鳥羽院が、ある特定の宗派のみとの関わりの中で国家の宗教施策を行っていたわけではなくて、治天の君・院としては、その全体像として、どのようなものを描こうとしていたか、思考していたかということが、つねに問われるべきだと考えています。鳥羽院の亡くなったあとに保元の乱が起こるわけで、結果として、この院政期の王たちのもくろみや試みは頓挫するといいますか、そこでいったん潰えるわけです。しかもその直後に、平氏政権や寺院との確執の中で、南都にとりましては、まさにこのシンポジウムが行われているのと同じ年末、治承四年十二月二十八日の平重衡による南都焼討ちで最悪の結果を招くわけですし、これは天台宗では園城寺も同じことです。そういう結果に至るという史実は厳然と存在することにはなりますけれども、それ以前に何を目指していたのかということをしっかり捉える必要があるだろうということで、そこに一つ、汎宗派性というテーマを見てはどうだろうかということを申しました。

平氏政権の中でいろいろと起こってくる現象を踏まえて、たとえば文学では、『平家物語』で、驕る平家という形で、清盛などの問題を取り上げます。けれども、その一方で、寺院側が、この間のことをどのように見ていたかということを確認すると、永村先生が文庫長をお務めの金沢文庫に保管されている弁暁草、ご講演でも言及されていました、東大寺の弁暁が記した唱導史料がありますけれども、その一連のものの中には、南都の焼失を招いた原因の一つとして、寺家の側の驕慢もあるのだ、ということが明確に書かれています。清盛が悪い、重衡が悪い、向こうが悪いのだというだけではなくて、やはり、ここに至ったのは自分たち寺院社会の側にも大いに問題があったということを、すばやく再建事業の中で内省しておられるこうした文言などに出会いますと、なにか心打たれるものがあります。院がそうであるように、東大寺のお坊さまがた、あるいは興福寺も同じですけれども、こうした国家仏教の中心的寺院においては、どこかの宗派だけが残ればいいという発想とは一線を画する立場があるということも考えなければならないわけです。そういう仏教界全体を見据えながら動いていくということが、いったい何に基づくものなのかということを考える際に、東大寺が内に持っている諸宗兼学ということも含めて、やはり汎宗派性は忘れてはいけないテーマではないかと思っています。

これは、私が研究している鎌倉時代になりますと、たとえば四天王寺という聖徳太子ゆかりの寺がありますけれども、四天王寺の別当職というのは、天台宗寺門派の園城寺がおもに継承していましたが、山門派の延暦寺の方では慈円が別当になり、天台座主は辞しても四天王寺別当は死ぬまで辞めないというようなこともあって、やはり聖徳太子という、宗派仏教以前の開基になるいちばん根本の場というのが、いかに見直されていくかという問題にもつながってきます。これは、きょうのお話との関わりで言えば、四天王寺別当職のみならず、比蘇寺（現光寺）も、後には叡尊に附属されることに

史料Y　平安遺文二四五二　東大寺牒案○東大寺文書四ノ十三

東大寺牒　大教院衙

欲被且任官符宣旨、如旧返入、且為仏法興隆、依恩免除、為院領字内牧庄所被割取寺領字茜部庄四至牓示内治田幷敷地合拾弐町伍段状、

（中略）

乞衙牓（牒）到察状、宜以准状、故牓（牒）、

永治元年十月廿九日

権都維那法師源厳
権都維那法師静寛
都維那法師浄厳
権寺主大法師勝賢
寺主大法師厳観
権上座大法師順覚
上座大法師円尊

学衆

伝燈法師定範
伝燈法師信遠
伝燈法師義顕
伝燈法師宗恵
伝燈法師覚暁
伝燈法師玄暁
伝燈法師覚尹
伝燈法師定樹
伝燈法師尹雅
伝燈法師珍暁
伝燈法師智信
伝燈法師雅海
伝燈法師範賀
伝燈法師賢理
伝燈法師□□
伝燈法師覚融
伝燈法師覚禅
伝燈法師玄助
伝燈法師覚朝
伝燈法師有朗
伝燈法師奘海
伝燈法師覚延
伝燈法師珍範
伝燈法師俊朗
伝燈法師義俊
伝燈法師勝暁
伝燈法師珍助
伝燈法師弁覚
伝燈法師静忍
伝燈法師覚澄
伝燈法師覚印
伝燈法師恵敏
伝燈法師教敏
伝燈法師玄与
伝燈法師敏覚
伝燈法師源舜
伝燈法師仁恵
伝燈法師隆樹
伝燈法師重賀
伝燈法師定縁
伝燈法師康樹
伝燈法師寛融
伝燈法師理真
伝燈法師尊覚
伝燈法師義詮

伝燈法師林俊
伝燈法師静覚
伝燈法師俊覚
伝燈法師暹勝
伝燈法師禅海
伝燈法師寛勝
伝燈法師実暁
伝燈法師勝誉
伝燈法師珍永
伝燈法師永朗
伝燈法師永賢
伝燈法師有勝
伝燈法師尚禅
伝燈法師賢意

得業

伝燈大法師覚敏
伝燈大法師義雲
伝燈大法師覚如
伝燈大法師有樹
伝燈大法師覚光
伝燈大法師璟雅
伝燈大法師秀覚
伝燈大法師晴祐
伝燈大法師樹朗
伝燈大法師定祐
伝燈大法師栄覚
伝燈大法師宣厳
伝燈大法師静雅
伝燈大法師行祐
伝燈大法師定俊

伝燈大法師定厳
伝燈大法師俊観
伝燈大法師俊源
伝燈大法師頼樹
伝燈大法師慶意
伝燈大法師頼舜
伝燈大法師暹有
伝燈大法師観厳
伝燈大法師静顕
伝燈大法師仁栄
伝燈大法師栄覚
伝燈大法師覚俊
伝燈大法師定助
伝燈大法師永澄
伝燈大法師厳豪
伝燈大法師兼覚

五師

伝燈大法師兼仁
伝燈大法師義豪
伝燈大法師尋実
伝燈大法師湛慶
伝燈大法師永祐
伝燈大法師定慶

三会已講

伝燈大法師珍海
伝燈大法師義暁
伝燈大法師勝真

僧綱

法橋上人位

なりますから、やはり、鎌倉時代に向けての一連の汎宗派的な動きの中で、太子が見直される動き、その前史として、どのようなことが起こっているかという点でも考えてみたいと思った次第です。これが一つの問題です。

もう一つは、遁世の問題を取り上げました。僧侶の遁世を描く文学はたくさんあるわけですけれども、私たちは、たとえば、きょう取り上げた『発心集』のいちばん最初にある話で、興福寺の玄賓僧都が、興福寺を離れて、三輪、いまも玄賓庵というのが残っていますけれども、そこで遁世されたというような話に接すると、「ああ、そういう興福寺での役職をさらりと捨てて遁世された、なにか立派なお坊さんなのだな」という意識で読んでいきます。しかし、そこに書かれているのは、よく見ると、公請との関係、朝廷に招かれれば、そこで法会を勤仕しなければならないという、国家公務員として僧綱に連なる立場とのせめぎ合いというのが描かれているように感じます。ですから、学侶僧たちの遁世を考えるときには、もう少し公請ということとの関わりにおいて捉え直す必要があるように思います。それをある種すり抜けるというと変ですけれども、そういうすがたとして、いろいろな形の遁世ということを考えなければならず、一つの事例は永観のような形ですし、学侶と遁世との往還の問題なども、そうした問題意識を背景として申し上げたつもりです。

最後に、さきほど言い忘れましたが、大須観音のことを宣伝しておきたいと思います。東大寺東南院の聖教のタイムカプセルのようなものだということを申しましたが、ちょうど、「大須観音展」が、名古屋市立博物館で始まっております。来年の初めまで開催されていますので、もしさきほど言及したことに興味をお持ちいただけましたら、名古屋のほうにも足をお運びいただければと思います。以上です。

木村　ありがとうございました。遁世に関してのご指摘、たいへん興味深く拝聴いたしました。

それでは、金先生、お願いいたします。

金　私は簡単なテーマでしたので、報告したいことは前部で報告できたと思いますけれども、ただ残った課題があります。一つは、なぜ、法蔵のものの中で、違うところに関しては、引用してなかったのかということと、それを見て、実際に中国仏教と新羅仏教と日本仏教が、何が違うのかということ、やはり、この解答を自分で探さないといけないのです。そのために、さきほど永村先生が基調講演でおっしゃったように、論議草とか説草とかを読んで、また当たって、例を探す必要があります。それで、来年、論文を出すまでには、なんとか、そういう解答を自分で探したいと思っております。

木村　ありがとうございました。ご自身のこれからの課題も、ここで宣言されたので、改めて期待をしたいと思います。

それでは、次に、会場のほうから、いろいろご質問・ご感想をいただきましたので、それらにお答えいただく時間にしたいと思います。しかし、時間の関係上すべてにお答えすることはできません。この点、お許しをいただきたいと存じます。なお、一般的なご質問の中の重要なものについては、私の責任でどなたかにお答えいただくことにさせていただきます。

まず永村先生へのご質問です。光明山寺に関して、その成立とか組織とか存在意義とかについて、まとめてお話をうかがいたいというご希望ですので、よろしくお願いいたします。

永村　光明山寺につきましてはレジュメにも書きましたが、『東大寺要録』では、東大寺僧の厳琱が創建したことになっていますが、興福寺の史料には、宇多天皇のときに真言宗の広沢流の寛朝が創建し、後に興福寺僧が再建したという説も見られます。つまり一つの寺院が複数の来歴をもつということは、決して珍しいことではありません。

ここでは、光明山寺の来歴の詳細は措くとして、平安時代とりわけ院政期には確実に東大寺の別所として、おもに三論宗の僧侶が多く止住した別所として機能していたことは確かです。ただし光明山寺の全体が別所になっていたわけではありません。あくまでその中の院家のいくつかが、別所の機能を果たしていた。興福寺の史料によりますと、僧房が二十八房、交衆が二十口というのが、だいたい平安時代中期の規模であるということになっていますが、このような様子をご理解いただければと思います。

木村　ありがとうございました。

次に、山岸先生へのご質問ですが、大きく分けると二つあります。一つは、図像・形式・様式に関して、三種に分類してのご説明が最初にありましたけれども、一般的な分け方に関してのご質問なので、もし必要があれば改めて触れていただきたいと思います。

それともう一つは、これも若干お話いただいていますが、今回取り上げられました弘仁寺の持国天像・増長天像を、どういう仏師が造られたのかということと、その後、この様式、及び、これらを作った仏師の系統が、どういうふうに展開していくのかというご質問です。よろしくお願いいたします。

山岸　はい。二点でございますけれども、まず図像・形式・様式についてては、さきほど申し上げたことが基本的な私のスタンスでございまして、議論が深められるとすれば深めてゆきたいと思います。

一方、弘仁寺の持国天・増長天立像というモノグラフのような形で取り上げた仏像彫刻につきましては、おそらく東大寺と関係の深い仏師が造ったものであろうと考えております。そのことを端的に証明するには、これは東大寺内の同時代のどの仏像とよく似ていて、同一工房の作であるとか、あるいは同一人物の作であるとか、そういうことをお示しできるとよいわけですけれども、残念ながら、やはり平安時代以降の時間の流れの中で同時代の仏像は東大寺では失われました。むろん東大寺さまは、十世紀初めを前後する時期に限定しなければ数多くの立派な平安彫刻を伝えておられ、一体一体取り上げるに足る、ほんとうに平安時代の全時代にわたるような、優れた彫刻を、しかも仏像・肖像、ほとんどすべてと言っていいようなジャンルにわたって蔵しておられますので、東大寺の平安時代の造仏を考えるうえではいろいろ別の論点を設定し得ると思います。

ただ一つ、今回の永村先生の基調報告との関係で、私自身も触れておくべきだったと思っていることがあります。それは、永村先生の史料をお借りして恐縮なのですけれども、永村先生の史料Nの中の（次頁参照）②院家と住僧で、『東大寺要録』の諸院章を引いていただいているのですが、そこに、「一　念仏院」とあり、その次に「一　正法院」とあって、その正法院のところに「東大寺別当平崇君之建立也」ということが出てまいります。残念ながら、この東大寺正法院に関わる仏像彫刻の現存が確認されているわけではないのですけれども、実は、この平崇という方が開かれた京都宇治田原の禅定寺という寺院に、平崇開創時の本尊と思われる十一面観音菩薩像

史料N　レジュメより抜粋

「平安時代の東大寺―寺家組織と教学活動の特質」　永村　眞

◎［東大寺要録］諸院章

「一念仏院〈在南院東脇、今云新院是也、〉

天慶元年戊戌、明珍僧都乃所建也、

一正法院

東大寺別当平崇君之建立也、委見供養願文、永祚二年

三月十九日儲斎会供養、

（後略）

があります。それは、仏像の種類としては、弘仁寺の場合持国天・増長天像で、それと観音さまとの比較なのでずいぶん違うわけですけれども、禅定寺の十一面観音菩薩像は奈良時代の十一面観音菩薩像を彷彿させるところがある。そして、同じ禅定寺に、四天王の像、それから、十一面観音像の左右に日光・月光菩薩といわれる像があり、このうち四天王像については、禅定寺創建時の彫刻であるという考え方と、もう一つ、いま話題に出たばかりの光明山寺伝来であるという考え方があります。いずれにしても、東大寺と関係深く造られた像であり、そして、その四天王像中にやはり、弘仁寺の持国天・増長天像などの系譜を引くと見てよい様式的・形式的特徴を持つ、足を踏み上げる二体の神将形が含まれるので、弘仁寺の持国天・増長天像のような、おそらく東大寺系の仏師による彫刻様式は、十世紀の初頭だけでなくて、少なくとも、その後百年前後は、一定の触れ幅を持ちながら、ある規範性を保ち得たものかと考えております。

　お答えになりましたでしょうか。

木村　どうも、ありがとうございました。よくお分かりいただけたと思います。

　それでは次へまいります。谷口先生へのご質問です。みなさん、やはり、いちばん気にされているのは、釈迦三尊像と祖師像の大きさのことのようです。そのあたりについて、先生のお考えをお聞きしたいという主旨かと思います。お願いいたします。

谷口　きのうのお話の中では、オリジナルの寸法を、かなり忠実に写しているのは事実だと思います。それが結果的に、釈迦三尊を見下ろすかのように大きな十人の祖師が配されるという、梵・釈、四天王はかなり小さいのですが、そういう有機的なつながりが若干破綻しているというか、整合性があるとお見受けするには不自然な部分もあるのですが、やはり、そこは原典に対する、オリジナルの図像に対する規範性と、そこへの権威というところに求めるべきではないかなというふうに考えているところでございます。

　たとえば、中尊の原点となった法華堂根本曼陀羅には、根本という言葉がついておりますけれども、たとえば、弘法大師が描かせた根本曼荼羅に、高雄曼荼羅という、神護寺に伝わっている曼荼羅がございます。あの絵が同じ十二世紀頃に高野山に運ばれたり、いろいろな過程の中で、紙型というか、図像が写されているわけです。そして、たびたびお話が出ている、平清盛が描かせたと伝わっている血曼荼羅、あるいは東寺伝来の甲本というものが、十二世紀につくられますけれども、これは、ほんとうにオリジナルの根本曼荼羅と寸法から尊像に至るまで、きわめて忠実に写し取っている、とい

うことが、近年の調査で明らかになりました。そういう、権威ある図像に対する規範性というのは、高雄曼荼羅のような密教系の画像では特に強く継承されているところがあるのです。しかし、たとえば、南都でも、このオリジナルの絵がどういう規範性を持ったのかというのは、わからない部分もあるのですが、たとえば、法隆寺には、聖徳太子の「勝鬘経講讃図」という絵が数本伝わっております。それぞれの制作年代については、平安時代、鎌倉時代、いつ頃に置くのかというのは難しいですけれども、太子のお姿は、ほんとうに写し取ったように寸法が同じであったり、あるいは、さきほどの近本先生のお話に出てまいりました内山永久寺というお寺が天理にかつてあって、興福寺の末寺だったのですが、そこに伝わっていた四天王像は、ボストン美術館の所蔵であり、いま里帰り展として国内で巡回展示されているのですけれども、この四天王像の図像のうち、二天につきましては、いま興福寺に所蔵されている二天像とほぼ図像が同じであるうえに、寸法もほぼ寸分違わぬぐらいの大きさで描かれております。これも一定程度、絵師がそういう下絵を持っていたということもあるかもしれませんけれども、もともとの画像に対する一定の権威性を持って継承されていくときに、形や色だけではなくて、やはりその大きさというのも尊重されたのではないかというふうに思っております。

そういうことで、それぞれの図像の重要性を継承した形で一図に集合したというところにこの絵の大きな特色があり、ここまで典拠も明らかで、しかもその規範性をここまではっきりと検証できる絵というのは、ほかに私も事例を知りません。ですから、どこまで一般化できるかわからないのですけれども、そのぐらいオリジナルの原典を重視しつつ創出されたという、希有な作例だというふうに思っております。

木村　私もよくわかりました。絵を描く場合でも彫刻でもたぶん同じなのかもしれませんが、日本人の、生真面目さというのでしょうか、きちんと正しい伝統を継承していこうということ、あるいは信仰心があればあるほど、やはり崩してはいけないという気持ち、なにか、そういうものが大きくはたらいていると、私は思いました。もっというと、たとえば、前衛的な表現などは難しいのでしょうけれども、特に近世になると、デフォルメと言えるほどに変化させていくものが出てきますね。そういうのはないのでしょうか。何かお考えがありましたら、どうぞ。

谷口　近世はもう、それこそ、そういう規範から外れていくもの、奇想という言葉も出てくるように、仏画などでもかなり変わったもの、が出てまいります。ただ、倶舎曼荼羅と同じ梵天・帝釈天・四天王を描いた白描図像でも、実は、きのうスライドでも見ていただいた、現在行方不明になっている高山寺にかつて伝来していたものがありますけれども、あれは、かなり寸法が大きかったようです。当時まだ残っていたものをご覧になった亀田孜先生が、そのように書いておられるのですけれども、残された写真を見ると、実際の図像も若干崩れているところがあり、転写の過程を経る中で、より大きくしたり、アレンジしたり、という改変がなされたのだと思います。現在、奈良国立博物館が所蔵する白描図像などは原典に近いところで写されたもので、やはり、その原典の大きさを、非常に意識的に写しています。倶舎曼荼羅を描く線描も、オリジナルを写そうとしているせいもあるのでしょうが、走る線というよりは、かなり慎重な線なのです。それで、白描図像のほうも、やはりそういう、勢いのある線というよりは、オリジナルの輪郭をなぞるような、そういうところがあるのです。それがだんだん写される中で、デフォルメというものも出てくると思うのですけれども、倶舎曼荼羅については規範への忠実性があり、かなり近いところで写されたのだというふうに考えています。

木村　ありがとうございました。

それでは、横内先生に、ちょっと大きな問題です。東大寺さんと興福寺さんの間、あるいは、いわゆる東大寺の別当と院家の、たとえば東南院さんの別当との間で、実際にいろいろな争いが起こったりするけれども、いったいそれはどうしてなのでしょうか。それが、いわば世俗、俗世間の争いみたいなものでしょうか。おそらく、実際に関わっているかたの帰属社会というか、そういうものの反映みたいな感じで関わりがあるのかどうかとか、あるいは、一般的に僧侶というのはどこまで政治的な過程に関わったのかとか、そういったところについて、先生、ご意見がございましたらお願いしたいと思うのですが。

横内　はい、最初のご質問でありますが、今回取り上げた東大寺内部の争いや興福寺との争いというのは、やはり人事を巡る利権争いもあると思います。今回は出してはおりませんが、荘園を巡る争いが発展するなど、俗世界での争い事がそのまま持ち込まれる場合というのも当然ございます。これは興福寺の場合ですが、ちょうど院政期には、摂関家の長者を巡って、藤原忠実と、それからその子どもの頼長、それに対して、忠実の長男である忠通とが激しく争い、それぞれ興福寺の中での院家を拠点にして、壮絶な殺し合いにまで発展するような内ゲバがありました。またほかにも、院家間では、院家の貴種としていただいた院主の、その俗世界での権威をいただきまして、さまざまなところに言いがかりをつけていくというようなこともありますので、まさに、院政期は俗世間の論理が聖的なところにまで及んでくる顕著な時期であったと、と思います。

それから、僧侶の政治への影響というところですけれども、質問用紙に書いていただいているのは、まず道鏡です。それから、平安時代の信西に見られるような関わりというふうにありました。信西の場合は、若干、異なっておりまして、俗世間で少納言も務めた人物ですが、なかなか少納言という位の低いところで活躍ができないということで、あえて辞めて、そして出家、俗世から抜け出して遁世をしました。もともと院の近臣ですけれども、そうすることによって世俗の中での秩序を越えて、さまざまなところで活躍の場が得られたということでございます。

院政期には、ほかに護持僧というのがあるのですが、それは、院、それから天皇の日々の平穏を祈禱によって守ってあげるというような役職です。そういう僧侶がいたのですが、とくに白河院の近臣僧で、「法の関白」と呼ばれた寛助という人がいましたし、それから、史料に挙げた、範俊という、有力僧もいますので、そういうところで、いろいろ宗教的な面では影響力を与えます。しかし、政治的なところにまでは、まだ口出しはしていないというふうに思います。それが発展していくのは、満済という醍醐寺僧、室町時代に入りますが、そういったところで幕政に関与していくということがございますので、やはり、その発展段階はあるのだというふうに思います。

木村　横内先生、ありがとうございました。

次に、近本先生、これは先生のご発表とは直接には関わらないかもしれませんが、当時の密教系の寺院あるいは修験道の寺院というものと、いま現に接している一般のお寺、「檀那寺」というのはその意味だと思いますけれども、両者の間にはギャップがある。実際にそこで説かれていたものはどうだったのだろうか、というようなご質問だと思います。このあたりのことで、何か先生のお考えがおありでしたら、簡潔なお答えをお願いしたいと思います。

近本　どうも、ありがとうございます。修験道に関しましては、いま木村先生のほうからまとめていただきましたが、醍醐寺とそれから聖護院のことをお尋ねです。当山派と本山派の問題があって、その裾野が修験道の教団としては広がっていくわけですが、そこには、さまざまな修験者たちのすがたがあって、それをどれくらい、本所であるところの醍醐寺や聖護院に還元できるかということも含めたご質問かと思うのですが、まず、きょう、お話しした時点での修験のすがたというのは、まだ、こういった教団としての独立性を有するかなり前の話です。

修験を考えるときには、多くの場合は、近世の史料を基にその教団のことを考えたり遡ったりするというのが、一般的な方法であって、そこに描かれている世界をどこまで遡らせ得るか、きょうお話ししたところまで遡ることができるかというと、きわめて危ないところがあります。そういう点ではいろいろ、ある種の呪術のようなことにも関わっているものがある、というようにご質問されているようですが、やはり、それらは近世修験というふうに一度読み直してみて、もちろん熊野比丘尼の問題などもそういうところには入ってくるのですが、いったんそれを保留したところで、できるだけ一次史料で、平安時代、それから、せめて鎌倉時代が平安時代をどれくらい修験の歴史として認識しているかというところで捉えると、きょうお話ししたあたりのところまでは、その歴史が見えるのではないかということでお話をさせていただきました。逆に、私は近世修験についてはほとんど素人と言ってもいいので、宮家準先生の長年にわたるお仕事などが、そのあたりを大いに説き明かしておられると思います。

ただ、最近は、こういう比較的古い時期の、中世にまで遡る修験のすがたを新たな史料の中から描き出そうという動きが非常に活発化し、特に就実大学の川崎剛志先生などは、それを精力的に展開しておられますので、そのあたりの研究はご参考になるかと思います。

木村　はい、ありがとうございました。

それでは、フロアからのご質問の最後になりますが、金先生にお願いいたします。これは少々、専門的になるのですけれども、成仏論というのは、仏教の世界ではたいへん基本的な実践的問題で、もっとも重要なものの一つです。それで永村先生もお触れになっていらっしゃったわけです。今回は金先生には、義相・元暁を柱として、ご発表いただいたのですが、華厳宗の系譜でいいますと、智儼・法蔵、あるいは義相という人たちの間で、成仏論に関して、相違がある。そういった状況の中で、日本ではどう受容されたのか。たぶん、だんだん調整的になっていったというか、統一的な流れができていったということになる、とは思うのですけれども、金先生のご意見、お答えを頂戴したいと思います。お願いいたします。

金　手もとに史料がないので、うまく答えられるかどうかわかりませんが、智儼も法蔵も、義相さえも、ただ一つの成仏論ではありません。いくつかの成仏論を主張していることは確かですけれども、たとえば、華厳では信満成仏というのですが、最初から信満がそんなに重要だったのかということから言うと、そうではないだろうということなのです。木村先生がご専門でいらっしゃる、智儼の場合は、信満と十地位に関する両方を勉強しないと、それは三乗であるというように、言う分ですが、義相は、智儼に似たような立場を持っているのです。だから、十地位の成仏のほうが信満を包括するという立場です。法蔵は、信満からいくというような形になると思います。それで、三人がそれぞれ少しずつ違っていて、義相の場合は、旧来成仏といい、智儼の場合は、疾得成仏という、特殊な用語をつかうのですけれども、三人ともに、やはり、信じるということは、けっこう重要なこととされたと思うのです。

それが日本に入った場合は、信満成仏が基本です。それで、裏側には、クライ成仏があるということです。クライ成仏ということになると、やはり、コインに両方を持っていることと同じように、信満成仏を思うのです。けれども、ただ、日本の華厳宗が言っているのは、法蔵までは一乗だと、その他とは教判的に格差をつけるのですけれども、平安時代の華厳は、終教以上は、全部で一乗だったのです。だから、終教以上の中は、みんな、ある程度同じグループになっています。その中で、修行の理論は、終教によって提示されます。頓教はだいたい修行などは無視するのですけれども、円教の場合は、修行も重んじて、円教なりの相即相入とか無礙論に包括するような形になったのです。それは、義相さんや智儼さんが言うように、実践すれば自分が旧来成仏ということがわかるし、実践しなければ、一闡提と同じだと思うのです。法蔵さんも、もちろん、実践と言いますけれども、どちらかというと、信満にあまりにも重みがあるので、智儼さん、義相さんとは少し違う、そういうふうに思っています。

木村　どうもありがとうございました。ちなみに、先ほど、「クライ成仏」とおっしゃっていましたのは、「旧来」と書く言葉で「旧来成仏」つまり「昔から成仏している」「すでに仏になりおわっている」という意味のことばです。

他に、一般的なご質問もいろいろあるのですが、一つだけ、今回のテーマにも関わる「末法到来」についてお尋ねしましょう。先生には、その末法到来の意識というかそういうものに関してもお話しいただいたのですが、あまり、みなさんはよくお分かりにならなかったかもしれません。末法到来について、特に華厳宗なり、三論宗の場合でもいいのですが、この問題に関して、「それはこういうことではないか」とか、あるいは「末法到来を受けて、こういった具体的な社会的な動きがある」といったようなことで、もし何かお考えがあれば、お答えいただきたいと思うのですが、いかがでしょうか。では、永村先生、何かお話していただけますか。

永村　末法到来という時代的な背景は、「末世」という言葉でも表現されるわけですが、史料上には「末世凡夫」という表現が出てきます。つまり十二世紀以降の日本人は、時代とともに自らの宗教的な能力とその可能性について限界を切実に感じていたと思います。そのような条件のもとで、如何にして救われるかが模索されていたわけです。金先生のご報告の中で「成仏」という言葉がございましたが、「成仏」は難しくても「往生」はしたい、まずは浄土に「往生」する、次に浄土で仏の教説聴聞し「成仏」を果たすという二段階を構えることになります。凡夫にとってはこれしかないという確信のもとで、「往生」を志向する考え方は、寺院社会の内外を問わず非常に強かったと思われます。実は浄土教がさまざまな形で枝分かれしていくのは、まさにこの時代の意識のもとでの現象であると理解しております。

木村　永村先生、それは、時代的には、十世紀であるとか、十一世紀であるとか、平安期も、半ば過ぎてからでしょうか。そうですね。ありがとうございます。

以上で、主なご質問に関しては、それぞれの先生がたからお答えをいただき、また、それぞれに補足的なご意見を頂戴しました。この際ということで、あと少しの時間、もし、こういうことを聞いておきたい、ということがあれば、フロアから一つ二つ、受けたいと思うのですが、何かございませんでしょうか。どなたからでも、けっこうです。はい、どうぞ。

フロア　いま最後に、木村先生が出してくださった、末法思想のことを質問した者です。質問は、もう少し具体的でして、永村先生が成仏して往生するということを願ったという、これは庶民感覚の考え方なのか。それから、僧侶と庶民との考え方の違いというか、僧侶が庶民に対して、どのようにはたらきかけたのか。いろいろな、埋経をしたとかいうことは知られておりますけれども、寺院側の対処のしかた、庶民に対してどのような対処のしかたをしたかというのを知りたかったのです。よろしくお願いいたします。

木村　何かご意見があれば、お願いいたします。

永村　庶民に対する寺院社会側の直接の関わり方、つまり教化という行為は、時代をさかのぼる程に検討素材を見つけることは困難になります。そのなかで識字階層の人々への教化の結果が、具体的には願文等という形で残されることになります。そのような史料の文言から推し量ることができるのが、さきほど申しました二段構えの「往生」・「成仏」への道ということです。まず僧侶がどのように「成仏」を考えたかということですが、僧侶にとってはこれこそまさに専門領域なのです。それが日常的な感覚の中で理解できるかどうか、納得できるかどうかは別として、そもそも「成仏」を実現する手順などは、論義の中でも問題とされるわけです。それは「仏性」、つまり仏の本性をどのような形で凡夫が持ち得るかという問題も含め、「成仏」をめぐりしばしば問答がなされていますので、寺院社会では、その点について深く納得していた問題であると思います。その教えをどういう形で庶民に伝えたかが問題となるわけですが、この場面で、末法は非常に説明しやすい時代設定なのです。すなわち仏の教えが、そのままの形では伝わらない、内実が見えない、そのような時代の中で、凡夫がどのように救われるのかという問いかけに対して、この穢土にとどまる限りは救われないという教説に至るわけです。このような時代の認識の中で幅広い教化が進められていたと思います。

木村　私から、少し補足的に申し上げたいことがありますが、よろしいでしょうか。いま私たちは末法と言ったり末世と言ったりしてはいるものの、僧侶の方々も含めて、そのままは信じていないのではないかという気がします。言葉をかえれば、進歩史観に立つ、歴史的な見方で、どんどん社会は良くなっていく、人間は良くなっていくのだというのが、むしろ一般的な理解でしょう。これに対して、さきほどの十世紀、十一世紀から、あとしばらく続くと思うのですけれども、そういう時代は、本気で末世・末法が信じられた時代だと思うのです。ですから、さきほど永村先生がおっしゃったように、いわゆるプロとしては、末世・末法論を、あくまでほとけの方便の説であるとみなしてそれが真実であることを否定するという立場も、一方で出てきます。けれども、それを仏説としてまっすぐに受け止めて、みずからの往生なり、成仏なりを目指す、徹底してさとりの道を求めていくという、そういうあり方が基本的にあったのではないかと、私は思います。

それと、民衆に対してのはたらきかけというのは、例えばのちの一遍上人のように、具体的な行動、あちこち旅をしながら説法・教化するというような方向が出てこないと、明確な形では、なかなか見えないのではないか。そんな気もするのですがどうでしょうか。私の感想を含めての意見でございます。

では、もしさらにあれば、もう一つだけご質問を頂戴したいと思いますけれども、どなたかございますか。もう十分にきょうのお話、納得していただきましたでしょうか。

最後に、先生がたから何か発言しておきたいことがあれば、お願いしたいと思います。

はい、どうぞ。近本先生。よろしくお願いします。

近本　末世とその往生の問題ですと、私の専門から捉えられるのは、特に平安期ということになるのですが、やはり、「往生伝」という領域が非常に盛んになってきているということは一つ言えると思います。それを作成したのが、慶滋保胤を嚆矢として、大江匡房であるとか、三善為康であるとか、いわゆる俗人のほうがそれを著しているというところが先にあるわけです。いまのご質問の中で言うと、「庶民」という言葉が出てきます。庶民という言葉をどう捉えていくかというのは、古い時代では、永村先生がおっしゃったようにとても難しいことです。まず文字が読めない層を、どれだけ文字によって教化できるかというと、ここには矛盾した問題があるので、庶民という言葉はいったんおきますけれども、その末世において、どのようにして往生すべきかを示す指針としては、「読む」だけではなく「聴く」ことも想定される「往生伝」という世界があって、それが、だんだん中世のいろいろな仏教説話集に引き継がれていくのですが、やはり、この世界は非常に重要な部分を担っていたであろうと思われます。それを書写していくというところで、今度はもちろん僧侶も関わり始めますし、いま私たちが主要な「往生伝」を読むことができるのは、九条家と関わりが深いと思われる勝月房慶政という僧侶が書写したもの、そしてその弟子筋が鎌倉時代に写したものが伝わっているわけです。彼らはまさに、また遁世門なのですけれども、遁世と往生が非常に分かちがたく結びついて、いかに往生するか、遁世して往生するかということが思考された世界が、平安期からあるということをちょっと付け加えさせていただきたいと思います。以上です。

木村　ありがとうございました。

今回は、それぞれの専門分野の先生がたが力を入れて、お話の内容をまとめて、ご発表、ご講演いただいたと思います。ご感想の中には、いろいろなすばらしい知識を得た、あるいは、仏教の深いところが理解できた、などのご意見がありました。きょうの成果は、それぞれにぜひ生かしていただいて、また、大いに東大寺さまの教えをはじめとした学びの道をごいっしょに歩んでまいりたいと思います。

ほんとうにきょうはありがとうございました。先生がた、ありがとうございました。このあたりで、きょうの最後の締めとなる総合討論を終わらせて頂きます。

司会　総合討論の時間ということで、質問も含めて、全体的にまとめていただいたと思います。先生がた、ありがとうございました。

昨日から、「平安時代の東大寺」というテーマを掲げて開催いたしました、ザ・グレイトブッダ・シンポジウムでございますけれども、これで、すべてのプログラムが終了でございます。

最後になりますが、基調講演をいただきました永村眞先生、それから、研究報告をいただきました先生方、ありがとうございました。また総合討論をはじめ、全般にわたりまして、ご尽力いただきました木村清孝先生、ありがとうございました。また実行委員長をお務めいただきました小林圓照先生はじめ実行委員の先生がた、また、ご聴講いただいたみなさまがたに感謝を申しあげたいと思います。来年また、この会場でお会いできることを願っております。

それでは、これをもちまして、第十一回ザ・グレイトブッダ・シンポジウムを終了させていただきます。二日間にわたり、ありがとうございました。

第11回 ザ・グレイトブッダ・シンポジウム

平成24年12月８日（土）

開会挨拶：北河原公敬（華厳宗管長・東大寺別当）

基調講演：永村　眞（日本女子大学）「平安時代の東大寺―寺家組織と教学活動の特質」

《研究報告》

山岸　公基（奈良教育大学）「奈良・弘仁寺の持国天・増長天立像」

谷口　耕生（奈良国立博物館）「倶舎曼荼羅と倶舎三十講」

12月９日（日）

《研究報告》

横内　裕人（文化庁）「平安期　東大寺の僧侶と学問」

近本　謙介（筑波大学）「平安時代の東大寺における修験と浄土教―聖宝と永観を中心に」

金　天鶴（韓国・金剛大学校）「平安時代の華厳宗における新羅仏教思想の役割」

全体討論会「平安時代の東大寺―密教興隆と末法到来のなかで」

木村　清孝（華厳学研究所・鶴見大学）

永村　眞（日本女子大学）

山岸　公基（奈良教育大学）

谷口　耕生（奈良国立博物館）

横内　裕人（文化庁）

近本　謙介（筑波大学）

金　天鶴（韓国・金剛大学校）

ザ・グレイトブッダ・シンポジウム論集第十一号
論集 平安時代の東大寺
――密教興隆と末法到来のなかで

二〇一四年十一月二十二日 初版第一刷発行

編 集 GBS実行委員会

発 行 東大寺
〒六三〇―八五八七
奈良市雑司町四〇六―一
電 話 〇七四二―二二―五五一一
FAX 〇七四二―二二―〇八〇八

制作・発売 株式会社 法藏館
〒六〇〇―八一五三
京都市下京区正面通烏丸東入
電 話 〇七五―三四三―五六五六
FAX 〇七五―三七一―〇四五八

論集 東大寺の歴史と教学	ザ・グレイトブッダ・シンポジウム論集第一号	品切
論集 東大寺創建前後	ザ・グレイトブッダ・シンポジウム論集第二号	二〇〇〇円
論集 カミとほとけ—宗教文化とその歴史的基盤	ザ・グレイトブッダ・シンポジウム論集第三号	二〇〇〇円
論集 近世の奈良・東大寺	ザ・グレイトブッダ・シンポジウム論集第四号	二〇〇〇円
論集 鎌倉期の東大寺復興—重源上人とその周辺	ザ・グレイトブッダ・シンポジウム論集第五号	二〇〇〇円
論集 日本仏教史における東大寺戒壇院	ザ・グレイトブッダ・シンポジウム論集第六号	二〇〇〇円
論集 東大寺法華堂の創建と教学	ザ・グレイトブッダ・シンポジウム論集第七号	二〇〇〇円
論集 東大寺二月堂—修二会の伝統とその思想	ザ・グレイトブッダ・シンポジウム論集第八号	二〇〇〇円
論集 光明皇后—奈良時代の福祉と文化	ザ・グレイトブッダ・シンポジウム論集第九号	二〇〇〇円
論集 華厳文化の潮流	ザ・グレイトブッダ・シンポジウム論集第十号	二〇〇〇円

価格税別

法藏館